세상에서 가장 못생긴 여자

Lizzie Beautiful − The Lizzie Velasquez story
By Lizzie Velasquez, Rita Velasquez, Cynthia Lee, Lina Cuartas
Originally published in 2010, by Epigraph Publishing, USA.

Be Beautiful, Be You
By Lizzie Velasquez
Originally published in 2012 by Liguori Publications, USA.
Korean translation rights arranged with Epigraph Publishing and Liguori Publications, USA
and Biz⊕Nobel, Korea through PLS Agency, Korea.
Korean edition published in 2014 by Biz⊕Nobel, Korea.

세상에서 가장 못생긴 여자

리지 벨라스케스 지음

김정우 옮김

매일경제신문사

사랑스런 리지를
만날 독자들에게

세상에는 수많은 사람들이 살고 있으며 그들 모두 자신만의 사연을 갖고 있다. 또한 모든 사람들이 완벽한 상태로 행복하게 살아가는 것은 아니다.

때로 우리는 불굴의 의지로 불행을 이겨내고 멋진 삶을 살아가는 사람들의 이야기를 듣게 된다. 그들의 이야기에서 우리는 삶의 소중함과 생명의 위대함을 깨닫는다.

이 책의 주인공 리지 벨라스케스도 그런 사람 중의 한 명이다. 그녀는 태어날 때부터 건강하지 못한 신체와, 희귀병으로 인한 특이한 외모 때문에 입에 담을 수조차 없는 멸시와 조롱을 받아왔다. 사람들은 그녀를 흘끔거리며 쳐다보거나 수군거리며 손가락질을 하기도 했다.

하지만 그녀는 누구보다 꿋꿋하게 삶을 이어오고 있다. 자신을 감추거나 움츠려들기보다는 자신의 모습을 세상에 드러내고, 사람은 누구나 고유한 아름다움을 갖고 있다는 교훈을 일깨워준다. 리지의 이야기가 세상에 알려지자 사람들은 그녀의 용기있는 행동에 감동을 받아 저마다 사연을 보내왔다.

"리지, 지금 첫 아이를 임신하고 있어요. 아이가 태어나면 해주고 싶은 일이 너무 많아요. 하지만 무엇보다 다른 사람에게서 아름다움을 찾고 존중하는 자세를 가르치고 싶어요. 당신의 책이 정말로 도움이 되었어요. 당신은 강하고 높은 자부심을 갖고 있으며, 부모님께서도 정말 훌륭하게 키우셨다는 생각이 드네요. 내 아이도 그렇게 성장하길 바래요."

제시카(Jessica)

"리지, 안녕하세요? 와, 정말, 당신이 보여준 용기에 감탄할 수 밖에 없네요. 정말로 큰 감동을 받았고 연민에 빠져 있던 제 자신이 부끄러웠어요. 리지, 파이팅요!"

에밀리(Emily)

"리지, 나는 영국에 살고 있는 서른 살의 여성이에요. 당신이 쓴 책을 읽었어요. 덕분에 더욱 열심히 살아야겠다는 생각이 들어요. 나는 한때 우울증을 앓았고 지금도 내 삶은 너무나 힘 겹게 느껴집니다. 하지만 당신의 책을 읽고 난 후 결코 포기해 서는 안 된다는 걸 깨달았어요. 당신에게 좋은 일만 있길, 그리 고 꿈이 실현되길 빌어요."

헬렌(Helen)

"당신의 책을 읽고 있으면 감사하는 마음이 얼마나 중요한지 깨닫게 됩니다. 당신은 다른 사람을 행복하게 하는 재능을 갖 고 있는 것 같아요. 내가 살고 있는 이 세상에 당신이 함께 살 고 있다는 사실이 기쁩니다."

모니카(Monica)

리지에겐 축복받으며 태어나는 세상의 모든 아이들에게 기대되 는 평범함이 주어지지 않았다. 태어날 때부터 그녀에게 주어진 삶의 조건은 세상을 살아가기엔 너무나 가혹한 것이었다. 희귀병으로 인한 외모 때문에, 미래에 대한 불안과 불만으로 우울증을 겪기도 했다. 거기에 매 순간 자신을 향해 쏟아지는 세상의 삐뚤어진 시선들과도 싸워야 했다. 리지는 지금 24살이지만 몸무게는 겨우 20kg밖에 되지 않는다. 그녀는 생명을 유지하기 위해 매일 60끼나 되는 식사를 해야 하고, 병 때문에 오른쪽 눈도 시력을 완전히 잃고 말았다. 보통사람이라면 상상조차 하기 어려운 상황이다. 아름다운 외모에 가치를 부여하는 요즘 같은 시대에, 리지가 장애를 극복한다는 것은 우리들의 상상을 훨씬 뛰어넘는다.

이렇듯 리지는 외모 때문에 숱한 어려움을 겪으면서 삶에 회의를 느꼈지만, 그녀는 자신 앞에 놓인 어려움이 어떤 것인지 세상에 알리기로 했다. 또한 그 어려움을 세상 사람들과 함께 헤쳐나려고 한다.

리지는 지금 육체의 아름다움만 강조되는 세태가 초래하는 부작용을 널리 알리고 있으며, 그녀에게 주어진 절망적인 삶의 조건들은 이제 다른 누군가에겐 희망의 메시지가 되고 있다. 그래서 리지는 더 많은 사람들에게 자신의 이야기를 들려주려고 한다.

리지가 앓고 있는 병은 현대의학으로도 풀 수 없는 미스터리이다. 세상에서 단 세 명만이 앓고 있는 희귀병이다. 이런 혹독한 상황에서도 강인한 생명력을 발휘하면서 값으로 매길 수 없는 삶의 지혜를 깨닫게 한다. 그녀를 모르는 사람들은 '세상에서 가장 못생긴 여자'라며 모욕하고 비난했지만, 지금은 동기 부여자로서 인생은 살아갈 가치가 있다는 교훈을 일깨워주고 있다.

리지의 이야기에서 우리는 삶이 소중한 이유와 인간의 진정한 아름다움을 깨닫고, 동시에 자신을 되돌아보는 기회를 갖게 될 것이다. 지금 리지는 자신의 경험을 더욱 널리 알리려고 활발하게 활동하고 있으며, 독자들은 이 책을 통해 좋은 여자, 마음 따뜻한 여자를 만나게 될 것이다.

차례

들어가기 전에 • 사랑스런 리지를 만날 독자들에게

머리말 • 얼굴 말고 내 삶을 봐주기를

얼굴 말고
내 삶을 봐주기를

내가 인생에 관해 글을 쓴다고 하면 누군가는 이렇게 반문할지 모른다.

"이제 고작 24살인데 인생에 관해 글을 쓴다고?"

물론 긴 인생에 비하면 24년이란 시간은 그리 긴 세월이 아닐지 모른다. 하지만 비록 짧은 인생일지라도 남들이 경험하지 못한 감당하기 어려운 시련을 겪어본 사람이라면, 그 사람만이 깨닫는 특별한 교훈을 하나쯤은 갖게 된다. 나는 내가 경험한 이야기를 세상 사람들에게 들려줌으로써 그들의 삶에 조금이나마 도움이 되었으면 한다.

　많은 사람들이 알고 있듯이 내 삶은 태어나는 순간부터 놀라운 일들의 연속이었다. 예상치 못한 어려움들도 계속 내 앞을 가로막았다. 나는 더 잘 살기 위해서가 아니라 죽지 않기 위해 누구보다 치열하게 싸웠고, 그 과정에서 보통사람이라면 평생을 살아도 경험하지 못할 시련들을 겪어야 했다.

　혹독한 시련을 이겨내야 했기에 삶은 나에게 더욱 절실하고 소중한 것으로 다가왔다. 그래서 24살이라는 나이에도 불구하고 다른 사람을 위해 인생에 관한 조언을 할 수 있게 된 것이다. 나는 고통을 이겨내는 과정에서 왜 이런 외모로 세상에 태어났는지 그 이유를 알게 되었고, 비로소 인생의 목적을 찾을 수 있었다.

　나에게 24년이란 시간은 결코 만만한 세월이 아니었다. 하지만 나는 다시 과거로 돌아간다 해도 똑같은 길을 걸으려고 한다. 왜냐하면 그때의 내가 있었기에 지금의 내가 존재할 수 있으니까.

　남들과 다르게, 나는 태어날 때부터 생존을 위해 몸부림쳐야 했다. 지방이 쌓이지 않는 내 신체는 허약하기 그지없었고 실수로 다치기라도 하면 좀처럼 낫지 않았다. 무엇보다 나를 힘들게 했던 것은 사람들의 눈살을 찌푸리게 하고, 심지어 공포심마저 불러일으키는 나의 외모였다.

어린 시절, 나는 사람들에게 있는 그대로의 나로 인정받고 싶었다. 하지만 그러지 못해 너무나 고통스러운 나날을 보내야 했다. 어디를 가든 편견과 부정적인 시선들이 나를 따라다녔고, 나라는 존재는 아무것도 할 수 없거나 할 필요도 없는 사람으로 전락해 있었다.

더 끔찍했던 일들은 사람들이 나를 인간이 아닌 괴물처럼 취급한다는 사실이었다. 그 사람들이 퍼뜨린 '유튜브 동영상 사건'은 지금도 내 마음 속에 깊은 상처로 남아 있다. 그렇게 수많은 편견들과 싸우며 가혹한 시간을 버텨야 했다.

하지만 지금 나는 동기부여를 위한 강연가로 또는 글을 쓰는 저자로 바쁘게 살아가고 있다. 내가 이런 삶을 살 수 있었던 것은 견딜 수 없는 어려움을 겪을 때마다 항상 내 곁에서 나를 지켜준 친구와 가족들이 있었기 때문이다. 그들은 최악의 상황에서도 나를 위해 아낌 없이 응원과 격려를 보내주었다. 그렇기에 혹독한 어려움 속에서도 삶의 희망을 잃지 않고 살아갈 수 있었다.

어떤 사람은 내가 이름을 알리고 싶어서 책을 썼다고 생각할지 모른다. 하지만 나는 명성을 얻고 싶어서 책을 쓰는 것이 아니다.

책을 통해 내 이야기를 공유하려는 이유가 있다. 그것은 사람들이 내 이야기를 듣고 더 나은 삶을 살 수 있기를 바라기 때문이다. 심각한 질병에 걸려본 적이 없는 사람은 건강이 얼마나 소중한지 알지 못한다. 보통사람들도 태어날 때부터 주어진 건강한 신체가 얼마나 큰 축복인지 모른다.

삶에서 당연하게 여기는 일들도 조금만 살펴보면 이렇게 감사해야 할 일들로 가득하다. 특별히 나를 보면서 건강한 신체가 얼마나 큰 축복인지 알아주길 바라고, 사소한 일에도 감사할 줄 아는 마음을 갖길 바란다. 내 경험에 의하면 그 어떤 어려움이나 시련도 감사하는 마음과 용기를 잃지 않는다면 반드시 해결할 수 있다.

한 가지 덧붙이고 싶은 것은 다른 사람들처럼 나 또한 하느님의 사랑 덕분에 희망을 잃지 않았다는 점이다. 물론 하느님이 내 소원을 들어주신 것은 아니다. 다만 하느님이 우리를 위해 계획을 갖고 계신다는 걸 알려주고 싶다. 우리는 그저 기도하고 그분의 목소리에 귀를 기울이며 살기만 하면 된다.

마지막으로, 이야기를 시작하기 전에 이 책을 읽을 독자들에게 묻고 싶다.

다른 사람 때문에 상처받은 일이 있는가? 스스로 혼자라고 느끼고 외로운가? 삶이 두려운가? 인정받고 싶은가? 단 한 명이라도 자신의 말을 들어주길 원하는가? 결정을 내려야 하는데 망설여지는가?

만약 여러분이 내 이야기를 듣게 되면 위의 질문에 대한 답을 찾을 수 있을 것이다. 하지만 그 전에 한 마디 하고 싶다. 삶은 정말로 놀라운 선물이다. 하느님은 우리에게 인간으로 살아갈 수 있도록 기회를 주셨다. 이는 하느님이 우리를 사랑하신다는 증거이다. 그래서 나는 여러분에게 알려주고 싶다. 하느님을 알게 되면 세상이 달라진다는 것을….

이 책을 읽는 독자들에게 기쁘고 즐거운 일이 가득하길 바라며 하느님의 축복이 함께 하길 기대한다.

리지 벨라스케스

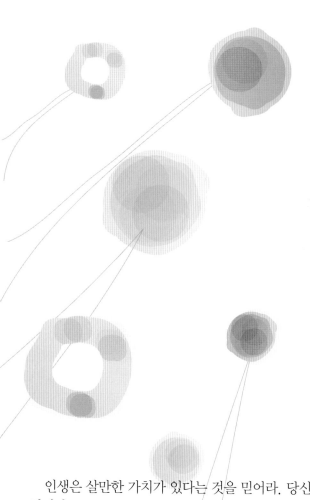

인생은 살만한 가치가 있다는 것을 믿어라. 당신의 믿음이 현실을 창조할
것이다.

윌리엄 블레이크(William Blake)

몸무게 0.9kg,
신장 53cm 아기 천사

모든 엄마들은 아기가 뱃속에 있는 동안 온갖 불편함을 감수하며 아기가 태어나길 손꼽아 기다린다.

나는 아기를 낳아본 적이 없다. 하지만 엄마에게 들은 바로는 임신이란 큰 인내심과 희생을 필요로 하는 과정이라고 한다. 임신은 신체에 급격한 변화를 가져올 뿐 아니라 정서에도 많은 영향을 미친다. 엄마도 나를 임신하고 있는 동안 예상치 못한 어려움들을 겪어야 했고, 그 어려움들을 이겨내기 위해 아빠의 도움을 절실히 필요로 했다고 한다.

1989년 3월 12일 일요일, 진통을 느낀 엄마는 곧바로 병원으로 향했다. 엄마와 아빠는 나를 만난다는 기쁨에 들떠 있었다. 하지만 기쁨도 잠시뿐….

초음파 검사 결과, 아기가 비정상적인 위치에 있는 것으로 확인되었다. 더 좋지 않았던 건 자궁 속에서 아기를 보호하고 영양분을 공급해야 할 양수가 하나도 남아 있지 않았다.

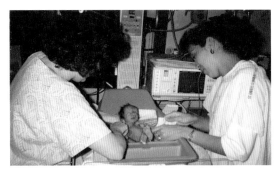

아기는 기적적으로 살아 있었지만 한 시라도 빨리 수술을 해야 하는 상황이었다. 엄마는 곧바로 수술대에 올랐고 이튿날 나는 제왕절개수술로 세상에 태어났다. 하지만 출생 당시의 몸무게는 보통 3kg이 넘어야 하는 정상 체중에 한참 못 미치는 0.9kg에, 신장은 53cm에 불과했다.

"리지를 낳은 후, 곧바로 아이를 볼 수가 없었어요. 간호사가 저에게 마음의 준비를 하라고 하면서 리지를 찍은 사진을 보여줬어요. 지금은 그 사진을 보았다는 기억만 하고 있어요. 솔직히 말해 리지를 처음 봤을 때 너무 두려웠어요. 그리고 도대체 이 상황을 어떻게 받아들여야 할지 고민스러웠어요. 간호사들에게 진정해야 한다는 말을 듣고서야 겨우 마음을 추스리고 '괜찮아, 내 아기잖아. 내가 지금 뭘 해야 할지 알잖아.'라고 생각하며 마음을 안정시켰어요."

리지의 엄마

엄마를 진정시킨 간호사들의 말과는 달리 출생 직후 내 상태는 조산아보다 더 심각한 상태였다. 아빠는 내 몸에 맞는 옷을 구할 수 없어 인형 옷을 입혀야 했고 의사들조차 내가 왜 이렇게 작게 태어났는지 원인을 알지 못했다. 엄마와 아빠는 어떻게 해야 할지 몰라 두려움에 떨었다.

"의사들이 저에게 마음의 준비를 해야 할 것 같다고 말했습니다. 리지에겐 정신적인 문제가 있을 수 있고 걷거나 말을 하지 못할 수도 있으며, 평생 동안 도움이 필요할지도 모른다고 말했습니다.

물론 저와 아내는 의사들의 의견을 최대한 받아들이려고 했습니다. 하지만 우리에겐 따로 생각이 있었습니다. 우린 리지를 보통 아이들과 똑같이 키우기로 했습니다. 딸아이가 다른 아이들과 같은 삶을 살길 원했습니다."

리지의 아빠

당시 의사들은 내가 병원에서 하는 정신검사를 통과하지 못할 것으로 예상했다. 하지만 나는 모든 검사에서 10점 만점에 9점을 받았다. 내 반응은 지극히 정상이었다. 신체적으로 아주 작다는 것만 제외하면 나는 모든 면에서 다른 아이들과 다를 게 없었다. 그것은 부모님이 무엇보다 바라던 거였다.

게다가 의사들은 최소한 세 달 동안은 신생아 집중치료실에 있어야 한다고 했지만 6주 만에 퇴원을 했다. 어린 아기에 불과했을 때부터 나는 삶에 대한 굳은 의지를 갖고 있었고 의사들만 그런 사실을 몰랐다.

양수가 없는 자궁에서 살아남았고 의료진의 예상을 수차례 뛰어넘었기 때문에, 나는 병원에서 모르는 사람이 없을 정도로 유명했다. 어떤 사람은 나를 '기적의 아이'라 부르기도 했다. 하지만 나에 대한 미래의 예상들은 대부분 암울하기 그지없었고 얼마 살지 못할 거라는 의견이 지배적이었다.

엄마와 아빠는 나의 상태가 무척 불안했기 때문인지 부정적인 의견들에 예민하게 반응했다. 하지만 두 분은 내 병보다는 오히려 주위의 그런 불길한 시선들이 내가 극복해야 할 가장 큰 장애물이라고 여겼다. 그리고 부모님의 생각이 옳았다는 걸 증명이라도 하듯, 나는 매번 의사들의 예상과는 달리 희망적인 결과를 보여주었다.

당연한 일이지만 출생 직후의 일들은 내 기억에 없다. 하지만 나는 엄마, 아빠가 남긴 일기를 통해 당시의 일들을 상세히 알고 있다. 엄마와 아빠는 내가 정말로 힘들어할 때는 함께 고통을 나누려고 기도를 하셨다. 기도를 하면서 내가 얼마나 귀하고 소중한 선물인지 깨달으셨다고 한다. 또 내가 아주 어릴 때부터 하느님께서 나를 크게 쓰실 거라는 믿음을 갖고 있었다. 나 역시 그런 소망을 품고 있었기에 힘겨운 시간들을 이겨낼 수 있었다.

세상을 살아가는 사람들은 누구나 시련을 겪기 마련이다. 하지만 시련 속에 삶의 의미가 감춰져 있다는 사실을 모르는 경우가 많다. 생각만큼 쉬운 일은 아니지만, 이를 깨닫는 사람만이 문제를 해결하는 데 필요한 힘과 용기를 얻게 된다. 그리고 그것은 내가 지금까지 살아오면서 깨달은 가장 소중한 교훈이다. 내가 좌절감을 극복하고 삶을 이어올 수 있었던 이유이기도 하다.

보통사람들이 보기엔 우연히 일어나는 일처럼 보여도 삶에서 그냥 일어나는 일은 없다. 아무리 나쁜 일이라도 그 일이 일어나는 데에는 반드시 이유가 있다. 그리고 거기에는 쉽게 찾을 순 없지만 깨달아야 할 무언가가 감춰져 있다. 나는 지금까지 수많은 어려움들을 겪어왔지만 힘겨운 순간에도 그 안에 담겨진 의미를 찾으려고 노력했다. 그리고 그때마다 시련을 이겨내고 한 단계씩 성장할 수 있었다.

이 책을 읽는 독자들에게 묻고 싶다. 인생을 바꾸는 기적을 믿는가? 삶에서 이뤄야 할 사명이 무엇인지 아는가? 이런 문제를 진지하게 생각해 본 적이 있는가? 그렇지 않다면 한 번쯤은 삶을 진지하게 되돌아보는 시간을 가져보길 바란다. 위의 질문에 대답할 수 있을 때, 자기 안에서 고난과 역경을 극복해낼 수 있는 강력한 힘을 얻게 된다.

엄마의 일기_

1991년 2월 15일

리지야, 언젠가 이 일기를 읽는다면 넌 마치 내가 직접 이야기를 들려주는 것처럼 느낄 수 있을 거야. 이 일기에 적은 이야기들은 너와 아빠,

그리고 우리와 인연을 맺은 모든 사람들이 갖고 있는 행복한 추억이란다.

이 일기는 네가 크면서 어려운 일이 있을 때마다 읽어볼 수 있기를 바란다. 아마도 엄마, 아빠가 얼마나 사랑으로 너를 키웠는지 알게 될거야.

아무리 힘든 일이 있어도 참아내고 사람들이 너에게 아낌없이 응원을 보내고 있다는 걸 기억하거라.

그리고 이 일기를 읽을 때쯤이면 넌 젊고 아름다운 숙녀가 되어 있겠지. 내가 옆에 앉아 이 모든 이야기를 너에게 직접 들려주는 것처럼 느끼길 바라며, 아름답고 특별한 나의 숙녀 리지에게 이 편지를 쓴다.

생각 나누기

1. 사람은 누구나 다른 사람의 부정적인 말이나 감정에 영향을 받는다. 이런 상황에 놓였을 때 자신은 어떻게 반응하는가?
2. 어려움 속에는 가치 있는 교훈이 들어 있다고 생각하는가?
3. 인생을 바꾼 기적 같은 일을 경험해 본 적이 있는가?
4. 살아가면서 이뤄야 할 사명이 무엇인지 생각해 보았는가?

리지의 제안

세상에는 시련과 고난을 한 번도 겪어보지 않은 사람은 존재하지 않는다. 감당하기 어려운 고난 속에서 미래에 대한 희망의 끈을 놓지 않는다는 것은 생각보다 훨씬 더 큰 용기와 인내심을 필요로 한다.

하지만 자신에 대한 확고한 신념을 갖고 포기하지 않는 사람은 용기에 대한 보상을 받는다. 부모님도 그렇게 말씀하셨다. 너무나 허약한 신체를 갖고 태어났음에도 불구하고 내가 살아남은 데에는 반드시 이유와 목적이 있을 거라고. 힘겨운 상황에 처할 때마다 자신이 살아가는 이유와 목적을 되새겨보라고….

부모님의 이런 조언 덕분에 나는 삶의 고비들을 무사히 넘길 수 있었고 내 이름으로 책도 쓸 수 있었다. 이 책을 읽는 독자들 중에는 정말로 감당하기 어려운 고통 속에서 살아가는 사람들이 있을 것이다.

그럴 때 자신이 태어난 이유와 목적을 진지하게 생각해 보자. 여러분이 이 세상에 태어난 데에는 반드시 이유가 있다. 이 세상의 빛이 되는 것, 거기에 여러분들이 살아야 할 이유와 목적이 있다.

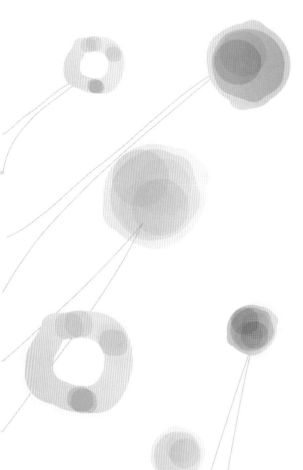

의식 있는 사람은 한 알의 모래에서 세상을 보고 한 송이 들꽃에서 천국을 본다. 그대의 손바닥에 무한을 쥐고 한 순간 속에서 영원을 보는 눈을 길러라.

윌리엄 블레이크(William Blake)

또 하나의 선물,
엄마의 일기

잊고 살기 쉽지만 하루는 짧아도 무한한 가능성으로 가득하다. 엄마는 내가 세상에 태어난 후 어떤 과정을 거쳐 성장했는지 일기에 자세히 기록해 두었다. 내가 평범한 아이들과 다를 바 없다는 사실을 확인하고 싶었던 것이다. 엄마와 아빠는 살이 찌지 않는 것은 신체적인 특징, 혹은 나만의 개성일 뿐이라 여겼다. 그리고 그것이 나에게 잠재된 가능성에 나쁜 영향을 미쳐서는 안 된다고 생각했다.

나는 부모님의 영향을 많이 받고 자랐다. 모든 사람들이 서로 외모가 다르듯, 내 외모 또한 사람들과 다를 뿐이라고 생각했다. 단지 몸에 살이 찌지 않는다는 걸 제외하면, 정말이지 나는 행동이나 정신적인 면에서 보통 아이들과 전혀 다르지 않다.

하지만 나이를 먹어갈수록 세상은 나를 평범하게 봐주지 않았고, 이런 사실을 받아들이는 데까지는 많은 시간이 필요했다. 그런 사실을 받아들인다는 건 나에게 견딜 수 없는 고통이었다.

나는 사람들과 다르지 않고 보통사람들과 같다는 걸 증명해야 했다. 하지만 그것은 불가능에 가까울 정도로 어려운 일이었다. 그 길고 험난한 과정을 거치는 동안, 나는 힘에 겨워 포기하고 싶을 때마다 엄마의 일기를 읽었다. 엄마의 일기는 내가 다른 아이들과 다르지 않은 성장 과정을 거쳤다는 걸 말해 주고 있었다. 거기서 나는 살아갈 힘과 용기를 얻을 수 있었다.

"일기를 쓰는 게 큰 도움이 됐어요. 리지가 내 옆에 있고 리지가 자라는 모습을 볼 수 있어서 정말로 감사했어요. 병원에 리지를 떼어놓고 집으로 와야 할 땐 정말로 힘들었어요. 아이와 함께 집중치료실에 있다가 나 혼자만 집으로 가야 할 땐 정말로 말할 수 없이 괴로웠어요.

저는 매일 병원으로 가서 아이의 작은 손을 잡고 또 오겠다고, 정말 사랑한다고 말해 줬어요. 휠체어를 타고 병원을 나오면서 같은 날 출산을 한 두 명의 엄마들 보았는데, 그들은 아기를 품에 안고 병원을 나서고 있었지요. 화분, 꽃, 풍선이 저를 둘러싸고 있었지만 저에겐 아기가 없었죠. 병원에서 퇴원할 때 차 안에서 뒤돌아 앉아 하염없이 눈물을 흘리며, 병원 건물이 점점 멀어져 가는 걸 지켜봐야 했어요."

리지의 엄마

나를 키우는 동안 엄마와 아빠도 힘겨운 시간을 보냈다. 불확실한 미래에 대한 두려움과 나를 잃을지 모른다는 불안감이 매일 부모님을 괴롭혔다. 물론 건강에 대한 우려도 여전히 남아 있었다.

다행히 엄마와 아빠는 성격이 긍정적이고 낙천적이어서 아무리 괴로운 일이 있어도 평정심을 잃지 않았다. 하지만 엄마, 아빠도 처음부터 그렇게 자제력을 발휘한 건 아니었다. 지난 세월 동안 숱한 우여곡절을 겪으면서 인내심이 길러졌다고 한다. 엄마의 일기를 보면, 나를 낳을 무렵엔 사소한 일에도 무척 예민하게 반응했다는 걸 알 수 있다.

내가 태어난 후 엄마는 나를 병원에 두고 혼자 퇴원해야 했다. 엄마는 텅 빈 집에 혼자 돌아왔을 때 큰 상실감을 느꼈고, 그때의 고통스러운 느낌을 지금도 생생히 기억하고 있다.

집에 도착했을 때 옷이며 침대, 젖병, 모빌 등 나를 위해 준비한 물건들이 덩그러니 놓여 있는 게 눈에 들어왔다고 한다. 그리고 그것들이 무용지물이 될 수도 있다는 생각이 들자, 그 순간 엄마는 정신없이 병원으로 향했다고 한다.

내가 태어나길 기다리는 동안 엄마는 나와 함께 하고 싶은 것, 해주고 싶은 일들을 끊임없이 상상했다. 그리고 그것들을 위해 모든 준비를 마쳤다. 하지만 정작 나는 겨우 숨만 붙어 있는 채로 인큐베이터에 누워 있었고, 나를 영영 잃을 수도 있다는 생각에 엄마는 제정신이 아니었다고 한다.

"퇴원한 날 저녁, 여전히 팔목에 환자 인식표를 찬 채로 병원으로 돌아왔어요. 제왕절개수술을 했지만 병원으로 가는 제 걸음은 무척 빨랐죠. 수술로 인한 통증 따윈 안중에도 없었고 관심은 오로지 리지에게 쏠려 있었죠. 간호사들은 저를 미친 사람으로 여겼을 거예요.

저는 인큐베이터에 있는 리지 옆에 앉아, 아이의 작은 손을 붙잡고 말했어요. 남편이 일을 마치고 병원에 올 때까지 리지 옆에 있었고, 남편과 저는 번갈아가며 리지의 손을 붙잡고 곁에서 끊임없이 사랑한다고 말해 줬어요. 아이가 너무 작았고 체온을 유지할 수 없었기에, 인큐베이터 안에서만 아이를 안아 줄 수 있었지요.

우리는 6주 동안 매일 리지를 보려고 병원엘 갔어요. 리지 없이 집에 있을 때는 아이의 상태를 확인하려고 잠들기 전에 항상 병원에 전화를 걸었고, 밤늦게 아이가 좋지 않다는 소식을 듣지 않게 해 달라고 기도했어요. 다행히 병원에서 그런 일로 전화가 걸려왔던 적은 한두 번밖에 없었어요."

리지의 엄마

내가 세상에 태어났을 때, 주변 사람들은 물론이고 의사들조차 생존할 가능성이 희박하다고 생각했다. 내 몸은 영양분을 축적할 수 없어서 끊임없이 음식물을 섭취해야 했다. 이 때문에 위를 비롯한 내장기관이 감당할 수 있을지도 의문이었다. 하지만 엄마, 아빠의 정성으로 나는 일반 신생아와 다를 바 없이 영양분을 흡수했다. 주변 사람들은 젖을 빨 힘도 없을 것 같아 보이는 작은 아이가 놀랍도록 생명력을 발휘하는 걸 보며 감탄했다고 한다.

생후 6주 동안 병원에 있으면서 나는 어려운 고비들을 여러 번 넘겼다. 그럼에도 불구하고 의사들은 매번 부정적인 예상을 내놓았

다. 기적적으로 한 고비를 넘기더라도 다음 번엔 힘들 거라며 마음
의 준비를 하라고 했다. 하지만 나는 예상과 달리 항상 정반대의 결
과를 보여주었다. 그런 나의 모습을 보며 엄마도 새로운 희망을 갖
게 되었다고 한다.

"리지가 병원에 있는 동안, 앞으로 일어날 일들에 대한 두려
움을 일기에 적었어요. 그와 동시에 아이를 집에 데려올 수 있
으면 좋겠다는 기대를 함께 적었죠. 다행히 생각보다 빨리 리
지를 집에 데려올 수 있었고, 저는 딸아이와 온종일 함께 있을
수 있었죠.

아이가 잠을 자는 동안엔 일기를 꺼내 그날 있었던 일들을 적
었어요. 이렇게 꾸준히 일기를 쓰다 보니 아이가 없는 날을 상
상하면 얼마나 힘들지 알게 되었고, 그런 감정들까지 모두 일
기에 적었어요.

시간이 지나면서 일기가 점점 쌓이자 두려움이 사라지는 게
느껴졌어요. 왜냐하면 리지에게 무슨 일이 생기더라도 아이와
의 추억이 담긴 일기만은 남을 거라고 생각했기 때문이죠. 만
약 제가 두려워하는 일이 일어나더라도 일기는 아이의 유품처
럼 남아 저를 위로해 줄 거라 믿었어요.

일기는 모든 상황에 대처하는 방법을 알려주기도 했어요. 의사들조차 리지가 얼마나 살 수 있을지 알지 못했기 때문에, 저 또한 그 문제에 대해선 감조차 잡을 수가 없었어요. 하지만 그렇게 불안해하는 와중에도 일기를 쓰면서 오늘 하루도 잘 버텨냈구나, 라는 생각으로 내 자신을 위로할 수 있었어요."

리지의 엄마

병원에 입원해 있는 동안 엄마는 나를 데리고 집으로 돌아가는 장면을 끊임없이 상상했다고 한다. 그때 나는 의료진의 도움이 절실히 필요한 상태였다. 하지만 엄마는 나에게 정말로 필요한 건 포근하고 편안한 집이라고 생각했다. 그래서 안정된 환경에서 생활하는 것이 건강을 호전시키는 데에도 도움이 될 거라고 판단했다.

엄마는 집의 구조와 가구, 정원, 인테리어, 그리고 나를 위해 준비한 물건들에 대해 인큐베이터 속에 있는 작은 나에게 자세히 들려주었다고 한다. 또한 그 모든 것들을 조금만 있으면 볼 수 있을 거라며 좀 더 힘을 내라고 속삭였다고 한다.

내가 그 말을 알아들었을지는 알 수 없지만, 나는 6주 만에 퇴원해서 집으로 갈 수 있었다. 엄마와 아빠는 내가 태어난 후 처음으로 마음을 놓고 웃을 수 있었고, 지금도 살면서 가장 기뻤던 순간으로 기억하신다.

"리지는 다른 아이들에 비해 매우 불리한 조건을 갖고 있었어요. 하지만 그런 점이 저를 힘들게 했던 기억은 별로 없어요. 딸아이를 데려왔을 때 여자아이를 낳았다는 걸 사람들에게 알리려고 마당에 큰 표지판을 세웠어요.

저는 리지가 병원에서 퇴원하던 날, 집에 도착해서 차에서 내리고, 처음 집으로 들어서는 모든 장면을 사진에 담았어요. 새롭게 부모가 된 사람들이 하는 모든 일을 그대로 한 거죠. 단 한 가지 다른 점은 리지의 상태가 좋지 않았기 때문에 한동안은 다른 사람들에게 아이를 보여줄 수 없었어요. 적어도 세 달간은 사람들과 접촉을 조심해야 했죠. 그래서 리지는 저와 남편하고만 있었는데, 그 시간 동안 우린 정말로 행복했어요.

리지가 유아세례를 받던 날, 성당 안의 소음, 빛, 그리고 엄마가 아닌 다른 사람에게 안겨 있다는 것 때문에 아이가 불편함을 느끼는 것 같았어요. 그날은 정말로 길게 느껴졌어요. 하지만 어쨌든 우리는 세례식을 잘 마쳤고, 하얀색 가운 속의 리지는 정말로 예뻐 보였어요.

그날 저희는 리지를 처음 밖으로 데리고 나왔다는 사실이 너무 기뻐 많은 사진을 찍었어요. 사람들이 아이를 빤히 쳐다봤는지는 기억이 나지 않아요. 저와 남편은 충분히 행복했고, 설령 사람들은 그랬을지 몰라도 우린 마음이 전혀 불편하지 않았어요."

리지의 엄마

오랫동안 겪어온 일인데도 엄마는 지금도 사람들의 시선이 나에게 쏠리는 걸 부담스러워 한다. 물론 엄마의 마음을 충분히 이해한다. 하지만 이제 나는 다른 사람의 도움 없이도 그런 불편한 상황들에 잘 대처할 수 있고 앞으로도 그럴 것이다.

물론 처음부터 모든 걸 혼자 힘으로 해낼 수 있었던 건 아니다. 주변 사람들의 위로와 격려가 있었기에 사람들에게서 받은 상처를 이겨낼 수 있었다. 아마도 어떤 사람은 외모 때문에 나를 적대시하는 사람들이 수 없이 많다는 사실을 믿으려 하지 않을 것이다. 하지만 너무나 자주 그런 사람들을 만나게 된다. 그들이 나를 비난하고 조롱하는 이유는 내 외모가 보기에 혐오스럽다는 것이다.

처음에 나는 그들의 주장을 받아들일 수 없었다. 왜냐하면 아주 어릴 때부터 주변 친구들은 내 외모에 대해 전혀 그런 반응을 보이지 않았기 때문이다.

어린 시절, 나는 엄마가 만들어준 친구들과 함께 성장했다. 태어난지 얼마 되지 않았을 때부터 엄마는 집에서 아기 돌보는 일을 시작했다. 덕분에 나는 또래 아이들과 어울리면서 성장할 수 있었다. 지금도 그 친구들은 내가 세상에 태어나서 받은 가장 소중한 선물이라고 생각한다. 그 친구들이 있었기에 다른 아이들에게서 받은 마음의 상처를 치유할 수 있었다.

친구들은 내가 힘들어할 때마다 우정 어린 손길을 내밀어주었다. 나 또한 그들의 따뜻한 손을 잡고 세상의 수많은 편견과 고정관념에 맞서 싸울 힘을 얻을 수 있었다. 훗날 강연가가 되고 책을 쓰게 되었을 때 친구들은 자신의 일처럼 기뻐해 주었다. 그때 친구들이 보내준 응원과 격려가 없었다면 지금의 나는 존재할 수 없을 것이다.

분명 나는 극복하기 어려운 짐을 짊어진 채 살고 있다. 하지만 너무 귀하고 소중한 친구들을 선물로 받았고 그들은 나의 짐을 기꺼이 나눠가졌다. 나는 소중한 선물을 준 삶에 무한한 감사를 느낀다.

"리지가 집으로 온 후 해 오던 일을 그만두고 집에 있기로 결정했어요. 저와 남편에게 가장 중요한 일은 아이의 건강이었죠. 리지를 돌보기 위해 제가 집에 있어야 했거든요. 저는 돈도

벌고 아이에게 친구도 만들어줄 겸해서, 집에서 아기 돌보는 일을 시작했어요. 그리고 그 아이들은 지금까지도 리지의 가장 좋은 친구로 남아 있어요."

리지의 엄마

어쩌면 엄마는 내가 다른 사람들과 어울리며 잘 살아갈 수 있을지 확인해 보고 싶었는지 모른다. 엄마, 아빠는 나를 지극히 평범한 아이로 대했지만, 모든 사람들이 그렇게 대한 건 아니었기 때문이다.

예상했던 대로 나는 성장하면서 사람들의 시선을 한 몸에 받았고, 그런 상황에 어떻게 대처해야 할지 몰라 당황했다. 내가 사람들로부터 받는 관심은 보통의 다른 아이들이 받는 것과는 다른 종류의 것이었기 때문이다.

부모님은 지극히 평범한 사람들이었고 부정적인 측면에서 사람들의 이목을 끌만한 이유가 전혀 없었다. 하지만 내가 태어난 후로 나와 함께 있을 때마다 어김없이 쏟아지는 다른 사람들의 시선에서 자유로울 수 없었다. 그리고 그런 일들은 사람들이 나를 쳐다보는 이유를 깨닫기도 전에 일어났다.

"가끔 한 번씩 우리가 리지를 밖으로 데리고 나갈 때면, 사람들은 아이를 빤히 쳐다보면서 손가락질을 했어요. 어떤 사람은 호기심 때문에 물어왔고, 또 어떤 사람은 그저 뚫어져라 쳐다 봤죠. 그러다가 우리가 눈치를 주면 그때서야 자리를 뜨곤 했 죠.

우린 사람들을 미워하거나 무례를 범하고 싶지 않았어요. 그 래서 그들을 대하는 건 무척 어려운 일이었어요. 특히 리지 아 빠는 하고 싶은 말이 있으면 거침없이 하는 타입이라서, 아이 를 위해 사람들에게 맞서기도 했죠. 그래도 사람들은 별다른 변화를 보이지 않았고 우리는 사람들의 따가운 시선에 항상 시 달려야 했어요."

리지의 엄마

나는 어디를 가나 관심의 대상이 되었고 엄마와 아빠는 큰 상처 를 받았다. 물론 사람마다 익숙하지 않은 것, 평범하지 않은 것들을 바라보는 관점은 다를 수 있다. 더 솔직히 말해, 지금의 나는 사람 들이 나를 보고 놀라거나 당황스러워하는 걸 어떤 측면에서 지극히 정상적인 반응이라고 생각한다. 하지만 사람들이 악의 섞인 호기심 을 보이거나 나에게 적대감을 드러낼 때, 나는 너무나 슬프고 무기 력해진다.

물론 모든 사람이 나에게 무례하게 대하는 건 아니다. 이렇게 넓고 넓은 세상에 그런 사람들만 있다면 나는 오래 전에 살아갈 힘을 모두 소진하고 말았을 것이다. 다행히 정말로 감사하게도 나를 배려하고 존중해 주는 사람들이 내 주변에는 아주 많다. 그 덕분에 상처받을 때마다 호의적이고 친절했던 사람들을 떠올리며 고통을 이겨낼 수 있었다. 그 사람들은 한결같이 나의 건강이 나아지길 바라며 기도해 주었다. 나는 그들이 기도하는 걸 보면서, 믿음에는 아픔을 치유할 수 있는 힘이 있다는 확신을 가질 수 있었다.

"한 번은 가게에서 사진을 현상하는 동안 아이가 돌아다니게 놔둔 적이 있었어요. 그러자 어떤 여자가 저에게 다가와 리지가 왜 저렇게 작은지, 뼈가 부러진 적은 없는지를 물었어요. 아이가 저렇게 작은 데도 걸을 수 있다는 게 놀라웠던 거죠. 고맙게도 그녀는 리지의 손을 잡고 건강을 빌어줬어요."

리지의 엄마

세월이 흐르고 성장할수록 엄마는 나의 미래가 풀기 어려운 문제로 가득할 거라고 예상했다. 하지만 그 어려움들은 엄마, 아빠의 희망과 꿈이 실현되는 데 필요한 통과의례 같은 것이었다. 엄마는 훗날 내가 엄마의 일기를 읽어보면 얼마나 사랑받고 자랐는지 확인할 수 있을 거라고 말했다. 그리고 엄마의 예상은 틀리지 않았다.

나는 엄마, 아빠가 얼마나 강인하고 헌신적인 부모였는지 알게 되었다. 하느님이 나를 통해 이루려는 계획이 무엇인지, 부모님 또한 완벽히 이해하고 있었다.

엄마의 일기는 내 생애 가장 소중한 순간들을 다시 떠올릴 수 있게 해 주었다. 나는 그런 엄마를 허락하신 하느님께 감사드린다.

일기를 쓰는 일 외에도 엄마, 아빠는 내가 건강한 자아를 가질 수 있도록 배려를 아끼지 않았다. 어린 시절, 부모님은 다른 사람의 시선에 위축되지 않고 갈 수 있는 곳이라면 어디든지 나를 데리고 다니셨다. 그래서 나는 축구경기를 보러 가거나 성당행사 혹은 피에스타 퍼레이드와 같은 축제를 보러 자주 갔었다.

가족과 함께 축제를 보러 가는 것은 어린 시절에 내가 가장 좋아하던 일 중의 하나였다. 축제에 가면 여러 가지 놀이에다 먹을거리도 많았다. 게다가 축제 때는 친척들까지 모였는데, 그들과 함께 있을 때면 모든 것이 즐겁고 재미있었다. 특히 나는 사촌들과 함께 앉아서 퍼레이드를 구경하는 걸 좋아했는데, 그 시절의 추억은 지금도 나를 행복하게 한다. 엄마는 이 모든 걸 일기에 썼고 수많은 사진들도 함께 남겨 놓았다. 그래서 나는 그 시간들을 지금도 생생히 기억할 수 있다.

이 책을 읽는 독자들 중에서 아이와의 추억을 남기길 원하는 부모가 있다면 일기와 사진첩을 만들 것을 권한다. 그것은 기억을 되살리는 데 있어서 정말로 효과 만점이다.

나는 집이라는 안락한 공간에서 친구들과 오랫동안 관계를 맺으며 성장해 왔다. 그 시간들은 나에게 무엇보다 소중하고 의미가 있으며, 그 시간들이 있었기에 내가 사람들에게 사랑받는 소중한 존재라는 걸 확신할 수 있었다. 훗날 나에 대해 잘 모르는 사람들이 나를 비방하고 비난해도 견딜 수 있게 한 소중한 경험이었다. 이 경험들은 모든 건 마음먹기에 달려 있다는 진실을 깨닫게 한다.

엄마의 일기_

1990년 9월 2일

일요일에 우리는 월더에서 열린 퍼레이드를 구경하러 갔었단다. 세일러복을 입은 너는 정말로 예뻐 보였어. 우린 말도 타고 사진도 찍고 춤도 추었지. 넌 우리와 함께 다섯 곡 정도 춤을 추었는데, 그러더니 피곤했는지 곧바로 잠이 들었단다.

생각 나누기

1. 어떤 순간을 기억하기 위해 일기를 쓴 경험이 있는가?
   만약 있다면 무엇에 대해 썼는가?

2. 기억에 남는 어린 시절의 추억이 있는가? 여러분은 어린 시절의
   어떤 추억을 떠올리고 싶은가?

3. 여러분에게 아이가 있고 아이와의 추억을 남기고 싶다면,
   어떻게 남길 것인지 구체적으로 생각해 보았는가?

4. 만약 추억을 되새길 수 있는 어린 시절의 사진첩이나 일기가
   있다면, 그것이 지금 여러분에게 어떤 의미로 다가오는가?

리지의 제안

아기 때의 모습을 기억할 수 있는 사람은 없을 것이다. 하지만 어린 시절은 가장 순수하고 두려움이 없는 시기이다. 아기일 때의 사진이 남아 있다면 그 사진을 자신만의 특별한 장소에 붙여놓고, 외롭거나 두려울 때 꺼내서 들여다보라. 그 사진을 보고 추억을 떠올릴 때 여러분은 하느님의 지극한 사랑으로 이 세상에 태어났고, 부모님의 헌신적인 보살핌 덕분에 그 자리에 있음을 느끼게 될 것이다.

여러분을 성장시킨 모든 것을 한 단어로 표현한다면 그건 바로 사랑이다. 여러분은 사랑으로 잉태되어 세상에 태어났고 그 사랑을 다른 사람들에게 돌려줘야 할 사명을 갖고 있다. 자신을 사랑하고 나아가 다른 사람을 사랑하자. 사랑만이 삶의 진정한 목적을 깨닫게 한다.

인큐베이터 안에 있을 때 엄마는 나에게 끊임없이 사랑한다고 말해 줬다. 이와 마찬가지로 여러분도 자신을 사랑한다고 말해 보라. 엔젠가는 정말로 자신을 아끼고 사랑하게 될 것이다.

우리는 다른 누군가가 아닌 자신에게 사랑을 받기 위해 세상에 태어났다. 우리에겐 그럴 자격이 있다.

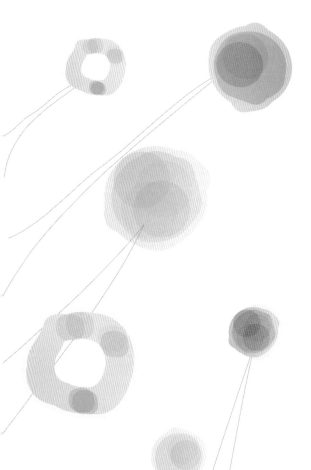

용서는 부서진 것을 완전하게 하고 더러워진 것을 다시 깨끗하게 만든다.

윌리엄 블레이크(William Blake)

세상 앞에서,
첫 번째 시련

지금에 와서 생각해 보면 초등학교 생활은 그런 대로 괜찮았던 것 같다. 기분이 좋지 않은 날도 있었지만 좋은 날이 더 많았다. 대부분의 아이들은 나를 특이하게 보거나 이상하게 바라보지 않았다. 물론 종종 나를 괴롭히거나 놀리는 아이들도 있었지만, 집에 돌아와서 엄마, 아빠와 이야기를 나누다 보면 금세 기분이 나아지곤 했다.

"학교에 처음 가던 날, 리지는 입학의 설레임 때문에 무척 들떠 있었어요. 남편이 리지가 다닐 학교의 교사여서 리지는 선생님들에 대해 이미 어느 정도 알고 있었어요. 저도 학교에 대해서는 크게 걱정하지 않았고요. 다만 리지가 같은 반 아이들과 잘 어울릴 수 있을지 조금 걱정이 되었어요. 왜냐하면 그때 리지는 자신이 또래 아이들과 다르다는 걸 알지 못했기 때문이죠.

제가 돌보던 아이들은 리지를 보고 겁을 내거나 외모를 갖고 놀리지 않았지만 학교는 집과는 다른 세상이니까요. 저는 아이들 특유의 솔직한 표현이 리지에게 상처가 되지 않을까 걱정스러웠어요. 게다가 리지는 그런 상황에서 어떻게 행동해야 할지 전혀 준비가 되어 있지 않은 상태였고요.

어쨌든 입학 전날 저는 가장 작은 책가방과 새 옷, 그리고 신발을 두었어요. 리지는 그 날 밤, 앞으로 만나게 될 친구들과 이미 만난 적이 있는 선생님들에 대해 이야기를 하면서 들뜬 마음으로 잠자리에 들었어요. 그 모습을 보면서 누군가가 리지의 외모에 대해 말이라도 하면 어떻게 하나, 걱정이 되었어요. 사실 저는 리지에게 '만약에'로 시작하는 질문들은 하지 않았어요. 아이가 두려움을 안고 첫 등교하는 걸 원치 않았기 때문이죠.

입학 첫날 아침, 리지는 신이 나서 옷을 입고 책가방을 쌌어요. 남편과 제가 아이를 교실로 데려가는 동안 내 심장은 쿵쾅거릴 정도로 크게 뛰었지만, 내색을 하지 않으려고 애를 많이 썼어요.

교실에 도착한 리지는 '안녕하세요!'라고 인사를 하면서 교실 안으로 들어갔어요. 그런 다음 책을 받고 바닥에 앉아 다른 아이들이 오기를 기다렸죠. 남편은 자신의 반 아이들을 맞아야 했기에 저는 혼자 교실에 남아 있었어요. 종이 울리자 선생님들이 부모들에게 이제 나가야 할 시간이라고 알려줬어요. 하지만 저는 불안한 마음에 가장 마지막으로 교실 문을 나섰죠.

리지는 자기 자리에 앉아 주위를 둘러보며 사람들에게 인사를 했고 그런 모습을 교실 밖 창문을 통해 지켜봤어요. 그때 남편이 다가오더니 괜찮을 거라고, 자기가 하루 종일 잘 살펴볼 거라며 저를 안심시켰어요. 저는 남편에게 몇 번이고 전화해 달라고 당부하고 집으로 돌아왔어요.

점심 때 쯤에 남편에게서 전화가 걸려왔어요. 리지가 다른 아이들과 어울리지 못해 힘들어한다는 거였어요. 저는 크게 상심했고 마음이 무척 아팠어요. 다음 날 다시 학교에 가서 잠시 동안 교실에 머물러 있었어요. 리지는 그새 반 아이들 중 몇몇 아이의 이름을 기억하고 있었고, 그 아이들이 오자 인사를 나누기도 했어요. 다행히 첫째 날과는 달리 두 번째 날에는 몇몇 아이들과 어울릴 수 있었고, 그 덕분에 저는 안심하고 집으로 돌아올 수 있었죠."

리지의 엄마

하지만 학년이 올라가면서 어려움은 점점 더 심해졌다. 아빠도 새 학년이 시작될 때마다 교실로 와서 아이들에게 내 상태에 대해 설명해 줘야 했다. 다행히도 아빠의 설명이 나에게 많은 도움이 되었고, 아빠가 옆에 서 있을 때면 친구들의 질문도 전혀 두렵지 않았다.

아이들은 내가 왜 그렇게 말랐는지, 어떻게 걸어다닐 수 있는지 끊임없이 물었다. 심지어 어떤 아이는 가까이 다가가기만 해도 소스라치게 놀라며 도망치기도 했다. 솔직히 말하면 당시의 나는 다른 사람들과 내가 어떻게 다른지 알지 못했고, 마치 괴물처럼 취급받는 걸 받아들일 수 없었다. 그도 그럴 것이 부모님은 나를 지극히 평범하게 키우셨고, 주변 사람들도 다른 아이들과 다를 바 없이 대해 주었기 때문이다.

하지만 학교 친구들의 반응은 전혀 달랐고 나는 태어나서 처음으로 사람에 대해 두려움을 느끼기 시작했다. 당시에 내가 두려움에 대처하는 유일한 방법은 그냥 울음을 터트리는 것뿐이었다. 어떤 때는 하느님이 나를 이렇게 못생기게 만든 것에 화가 나기도 했다.

지금 생각하면 웃을 수 있는 일이지만, 오랜 시간 동안 나는 다른 사람과 똑같아지기를 마음속으로 빌고 또 빌었다. 아무리 주위를 살펴봐도 나와 같은 병을 앓고 있는 사람은 보이지 않았다. 나 자신은 겉모습 말고는 다른 사람과 전혀 다를 게 없다고 믿고 있었다. 그렇기 때문에 간절히 기도를 하면 하느님께서 소원을 들어주셔서, 다른 아이들과 똑같은 모습이 될 수 있을 거라고 생각했다. 하지만 내가 고대하던 기적은 일어나지 않았다. 어딜 가도 사람들의 시선은 나를 향해 있었고, 나는 다른 사람들과 내 모습이 다르다는 잔인한 현실을 받아들여야 했다.

외모에 대한 열등감이 극에 달하던 시절, 학교나 식료품점, 식당이나 놀이공원 등, 가는 곳마다 사람들은 하던 일을 멈추고 나를 빤히 쳐다보았다. 심지어 어떤 사람은 손가락질을 하면서 수군거렸다.

어떤 사람은 시간이 지나면 사람들의 시선에도 어느 정도 익숙해지지 않느냐고, 견딜 만하지 않느냐고 묻기도 한다. 하지만 그러기엔 그 시간들이 너무 길고 고통스러웠다. 게다가 그런 일들은 항상 난폭하게 다가와 내 마음에 상처를 내곤 했다.

슬픈 일이지만 학교에 입학하고 한 살 한 살 나이를 먹어갈수록 사람들이 쳐다보거나 수근거리는 걸 점점 더 견딜 수 없었다. 왜냐하면 사람들이 나를 왜 그렇게 대하는지 알게 되었기 때문이다.

지금도 나는 내 별명을 기억하고 있다. 내 별명을 부르며 나에게 손가락질하던 아이들의 얼굴도 기억하고 있다. 그 아이들은 해골, 할망구, 돼지 다리 뼈다귀 등의 별명으로 나를 불렀다. 이렇게 악의적인 별명이 붙자 아이들은 하나 둘씩 내 곁을 떠나갔고 나와 가까이 하는 걸 꺼려했다.

당시 나는 누군가가 그 아이들을 단단히 혼내주길 바랐다. 그러나 다소 간의 차이는 있겠지만, 어린 시절에는 대부분 입에서 나오는 대로, 혹은 머리에 떠오르는 대로 말하는 경우가 많다. 또 그런 과정을 거쳐 인격적으로 성숙해 간다. 그렇기에 아이들이 으레 할 수 있는 실수를 일일이 야단칠 수도 없는 노릇이다.

하지만 이후에 겪게 될 일에 비하면 그 정도는 아무 것도 아니었다. 그나마 그때는 아무리 끔찍한 별명이 붙어도 모니카와 로렌이 항상 내 곁에 있어주었다. 둘은 있는 그대로 나를 받아주었고 다른 아이들이 놀릴 때도 언제나 내 편에 서주었다. 두 말할 필요도 없이 우린 가장 친한 친구들이었다. 그 아이들은 다른 친구들에게 내가 전혀 다르지 않다는 걸 끊임없이 말해 주었다. 그러자 놀랍게도 상황이 점점 나아졌고, 몇몇 아이들은 마치 호위무사라도 된 것처럼 나를 보호해 주려고 했다.

하지만 학년이 올라갈 때마다 새로운 반 친구들과 처음부터 다시 시작하는 것은 여간 힘든 일이 아니었다. 반 아이들은 어김없이 내게 왜 그렇게 말랐냐며 물어왔다. 당시 나는 '빼빼마르다'라는 단어를 유난히 싫어했다. 그 단어를 들으면 항상 나에 대한 부정적인 뉘앙스가 떠오르기 때문이다. 물론 지금은 많이 나아졌지만 지금도 나는 그 단어를 듣거나 쓰는 걸 좋아하지 않는다.

외모에 대한 불만이 극에 달해 힘들어하던 시절, 아침에 일어날 때 그 모습이 아니기를 수도 없이 기도했다. 하지만 자고 일어나도 내 모습은 언제나 그대로였다. 매일 아침 나는 잠이 아닌 절망에서 깨어났고 가능한 한 밖에 나가지 않으려고 하는 증세까지 보였다. 하지만 그것에도 지쳐갈 무렵, 나는 한 가지 묘안을 떠올렸다. 변장을 하는 것이었다.

처음에는 아주 기발한 아이디어라고 생각했지만 곧 현실을 받아들여야 했다. 아무리 좋은 옷, 유명 상표가 붙은 옷을 걸쳐도 작디작은 내 몸에 맞을 턱이 없었기 때문이다. 거울에 비친 내 모습을 보면서 단 한 순간만이라도 외모 때문에 손가락질을 받지 않을 수 있다면 얼마나 좋을까를 갈망했다. 그리고 그런 생각을 하면 할수록 열등감은 더욱 커져갔다.

그러던 어느 날, 문득 모든 것에 다 진절머리가 난다는 생각이 들었다. 아무리 애를 써도 바뀌지 않는 내 모습에 너무 많은 힘을 소진하고 있다는 생각이 들었다. 그 순간 갑자기 예전의 내 모습이 떠올랐다. 지금과는 전혀 다른, 똑 부러지면서도 유쾌한 아이였던 시절의 내가 분명하게 떠올랐다.

나는 어디서부터 무엇이 잘못된 것인지 곰곰이 생각해 보았다. 고민에 잠긴 나는 원래의 내 모습을 되찾아야만 이 문제를 해결할 수 있다는 생각이 들었다. 그리고 더 이상 내 자신을 괴롭히지 말아야 한다는 결론에 도달할 수 있었다.

물론 나를 바라보는 사람들의 시선은 여전히 바뀌지 않고 있다. 하지만 중요한 건 내가 생각을 바꾸자 사람들의 시선도 이전처럼 크게 신경이 쓰이지 않았다. 다른 사람이 나를 어떻게 바라보든 나에겐 가족과 친구들이 있고 그들은 여전히 나에게 사랑을 주고 있었다.

그 무렵, 아주 중요한 사실을 깨달을 수 있었다. 즉 문제의 본질은 지금까지 내가 나를 사랑하지 않는다는 것이었다. 그리고 그것의 근본적인 이유는 외모였다. 다시 말해 내가 외모에 대한 콤플렉스를 극복하지 못한다면 나는 내 자신을 아끼고 사랑할 수 없었다. 외모까지 있는 그대로를 받아들일 수 있는지, 아주 진지하게 내 자신에게 물어보았다. 그리고 놀랍게도 '예스'라는 대답을 얻을 수 있었다.

아무리 오랫동안 바라고 원해도 내 모습은 바뀌지 않을 것이다. 사람들도 겉모습만을 보고 그 사람의 모든 것을 규정하려고 한다. 하지만 나는 사람들이 외모만 보고 나의 모든 것을 판단하도록 내버려두지 않기로 마음먹었다. 기적이 일어나길 기다리는 대신, 나 자신을 있는 그대로 받아들이고 즐겁게 사는 것에 초점을 맞추기로 했다. 이런 결심을 하기까지 무척 길고도 힘든 시간을 보냈고 나는 내 자신을 미워하느라 모든 기력을 소진하고 있었다. 하지만 그러면 그럴수록 나 자신만 더 불행해질 뿐이었다.

나는 감사와 행복, 기뻤던 일들에 대해 더 많이 생각하고 좋았던 기억들을 목록으로 작성하기로 했다. 그런 다음, 안 좋은 일이 있을 때마다 그 목록을 읽어보았다. 그러자 놀랍게도 감사하는 마음을 갖는 것만으로도 삶이 변할 수 있다는 걸 느낄 수 있었다. 동시에 내 마음 속 깊은 곳에 똬리를 틀고 있던 슬픔도 조금씩 치유되기 시작했다.

고등학교 2학년 때 나는 치어리더 팀에 들어갔다. 나에 대한 편견과 선입견을 없애기 위해서는 어떤 노력이라도 해야 했다. 몸이 아팠기 때문에 자주 결석은 했지만 수업을 따라가는 데에는 큰 문제가 없었다. 건강이 허락하는 한 춤과 음악, 방과 후 활동에도 열심히 참여했다.

바깥세상은 집과 다를 수 밖에 없고 그 차이는 우리 가족들을 자주 상심하게 했다. 하지만 우리 가족은 할 수 있는 한 최선을 다하면서 사람들과의 문제를 극복하려고 노력했다.

종종 친구들은 너에게 그건 무리라고 우려하면서 말리기도 했다. 하지만 같은 반 친구들이 하는 것은 나도 할 수 있다는 걸 보여주고 싶었다. 이렇게 아무리 어려워 보이는 일도 포기하지 않으려고 했기에 그 경험은 훗날 나에게 큰 도움이 되었다.

이 책을 읽는 독자들 중에도 다른 사람 때문에 상처를 받고 고통스러워하는 사람이 있을지 모른다. 이때 최선의 방법은 그 사람을 용서하고 잊는 것이다. 지나간 일을 끊임없이 떠올리면서 괴로워한다면 마음은 먹구름에 뒤덮이고 어둠의 지배를 받게 될 것이다.

자신에게 상처를 준 모든 사람들을 용서하자. 그렇게 할 수 있을 때, 비로소 고통 대신에 마음의 평화를 얻을 수 있다.

엄마의 일기_

1994년 5월 16일

사랑하는 딸, 나는 학교 아이들 때문에 네가 얼마나 속상해 하는지 잘 알고 있어. 그런 일이 있고 나서 이틀이 지나서야 내게 이야기를 했다는 걸 알고 정말 마음이 아팠단다. 아이들이 그런 말들을 더 이상 네게 하지 않길 바라고 있어. 잘 알고 있겠지만, 너는 엄마와 아빠의 특별한 천사란다. 우리는 다른 아이들이 하는 생각이나 말을 바꿀 순 없어. 하지만 너를 더 사랑해 주고 항상 네 곁에 있어 줄 순 있어.

아마도 너는 앞으로 살아가면서 사람들 때문에 상처를 받겠지. 하지만 하느님은 널 무척 사랑하신단다. 엄마와 아빠, 앞으로 태어날 동생, 모든 이모, 삼촌, 사촌, 할머니, 그리고 할아버지들은 모두 널 사랑해. 언제나 그 사실을 기억하렴.

생각 나누기

1. 살아가면서 비난이나 놀림을 받아본 적이 있는가?
2. 누군가의 잘못된 행동으로 인해 낙담할 때 어떻게 대처하는가?
3. 과거의 상처가 떠올라 마음이 아플 때, 이를 극복할 수 있는
   가장 좋은 방법은 무엇이라고 생각하는가?
4. 아무리 바꾸려 해도 바꿀 없는 것이 있다면 어떻게 해야
   하는가?

리지의 제안

　인생을 살면서 다른 사람의 말에 상처를 받는 일은 자주 경험하게
된다. 대부분은 잊고 훌훌털어버리거나 무시해도 되는 경우가 많을
것이다. 하지만 정도가 지나칠 경우, 어떤 사람은 마음 속에 지울 수
없는 상처를 남긴다. 신체의 상처는 시간이 지나면 아물지만 마음의
상처는 그보다 훨씬 오래 간다.

　또한 마음에 심각할 정도로 상처를 입으면 자존감을 떨어지고 모
든 것을 부정적으로 생각하게 된다. 마음의 상처는 이렇게 한 사람의
모든 것을 망가뜨릴 수 있다.

　한 가지 분명한 사실은 견딜 수 없는 괴로운 상황에서도 부정적인

감정을 지우려고 노력해야 한다는 것이다. 누군가에게 깊은 상처를 받았다면 우리가 할 수 있는 최선의 방법은 용서하고 잊는 것이다. 고통스러운 기억에 집착하면 상처는 더 쓰리고 마음속에 응어리만 남는다.

우리에게 상처를 준 모든 사람을 용서하자. 이것은 자신에게 상처를 준 사람을 위한 일이 아니다. 자신을 위하는 일이다.

상처를 준 사람들에게 편지를 써보는 건 어떤가. 다 쓴 편지는 보내지 않고 태우거나 버려도 된다. 그렇게라도 하면 마음의 고통을 덜어낼 수 있을 것이다.

겁을 먹고 침묵하지 말기를. 희생자가 되지 않기를. 다른 사람이 당신의
인생을 결정하도록 내버려두지 않기를. 스스로 정의 내리기를.

하비 페어슈타인(Harvey Ferstein)

방문을 열고 나오다

어떻게 인생을 살 것인지 스스로 결정할 수 있다면 그 사람은 인간에게 부여된 자유의지를 잘 사용하는 사람이다.

사람들은 종종 겉모습만 보고 다른 사람을 판단한다. 나는 그런 일들을 셀 수 없이 경험했다. 태어나는 순간부터 이런저런 한계를 갖게 될 것이라는 말을 헤아릴 수 없을 만큼 들었다. 혼자서는 아무 것도 하지 못할 거라며 경멸 섞인 동정을 받기도 했다.

어릴 때는 왜 그런 수모를 당해야 하는지 이해할 수 없었다. 세상의 모든 나쁜 일들은 오직 나에게서만 일어나는 것 같았다. 하루하루가 절망의 연속이었다. 더 끔찍했던 건 그런 일들 때문에 나 자신과 주변 사람들에게 끊임없이 불만을 쏟아냈다.

나는 왜 다른 여자 애들처럼 생기지 않았을까? 내 면역체계는 왜 이렇게 허약한 것일까? 한 쪽 눈은 왜 보이지 않는 것일까? 이런 불만을 품고 방황과 좌절감 속에서 살았다.

중학교에 다닐 때까지만 하더라도 나를 제외한 다른 사람의 삶은 별 다른 어려움이 없을 거라고 생각했다. 그러니 세상은 나에게 너무나 불공평해 보였고 아무리 신중히 계획을 세워도 항상 예기치 못한 일들이 일어나 나를 곤혹스럽게 했다.

예를 들면, 다른 사람들이 즐겁게 놀러갈 때 나는 진료실이나 응급실에 있어야 했다. 또 병원에서는 내 힘으로 어찌할 수 없는 무서운 일들이 일어날까봐 끊임없이 두려움에 떨며 전전긍긍해야 했다.

이런 상황이 반복되자, 다음 순서는 하느님을 원망하는 일이었다. 하느님이 나를 신경이나 쓸까? 내가 얼마나 힘든지 알고 계실까? 왜 이토록 고통 속에서 인생을 살게 하실까? 생각은 꼬리에 꼬리를 물고 늘어졌지만 결론은 언제나 비참했다. 아무리 곰곰이 생각해 봐도 이유를 알 수가 없었다.

내 마음은 하느님을 불신하고 싶지 않아서 더욱 혼란스러웠다. 태어날 때부터 신앙생활을 해온 나에게 하느님과의 관계는 중요했다. 그러나 감당하기 어려운 고통이 느껴질 때 나는 낯선 곳에 홀로 남겨진 아이처럼 슬퍼했다. 아무도 나를 인정해 주지 않을 것 같앉고, 심지어 곁에 있는 사람들조차 언젠간 모두 내 곁을 떠나버릴 것 같았다. 그 중에서도 가장 힘들었던 건 내가 아프다는 사실이었다. 사는 것이 죽는 것보다 몇 배는 더 힘들게 느껴졌다. 허약한 몸과 외모가 싫어 도대체 이런 삶이 무슨 의미가 있는지 알 수 없었다. 사람들이 나를 제대로 알려고 하지도 않으면서 함부로 판단할 때면, 머리 끝까지 몸서리쳐지는 분노가 치밀었다.

허약한 내 신체와 외모는 내가 원해서 주어진 것이 아니었고 내 힘으로 바꿀 수 있는 일도 아니었다. 나를 비난하는 세상 사람들의 생각 또한 바꿀 방법이 없었다. 생각이 여기까지 미치자 답답하던 마음에 무언가 실마리가 잡히는 듯했다.

다른 사람의 생각을 바꿀 수 없다면 어떻게 해야 할까. 갑자기 내 생각을 바꾸는 건 쉬운 일이 아닐까라는 생각이 머리를 스쳤다. 나는 평소부터 내 능력에 부치는 일에 힘과 노력을 쏟는 대신에, 내 의지로 변화시킬 수 있는 일에 집중하면 적어도 기분은 나아질 수 있다는 사실을 알고 있었다.

물론 어떤 사람은 기분만 좋아질 뿐 해결되는 건 아무것도 없지 않느냐고 말할지도 모른다. 하지만 기분이 좋아지면 훨씬 더 많은 것들을 긍정적으로 바라볼 수 있다. 또한 긍정적인 생각은 부정적인 생각보다 상황을 더 좋은 쪽으로 변화시키는 데 도움이 된다. 이

것을 나는 어릴 때부터 부모님을 통해 배웠다.

앞에서도 언급한 것처럼, 내가 태어난 후 엄마와 아빠는 의사들이 부정적인 의견을 내도 긍정적인 측면에 초점을 맞춰 생각했다.

지금 생각해 보면, 긍적적인 측면에 초점을 맞춰 생각할 수 있어서 얼마나 다행인지 모른다. 의지나 노력으로 어찌할 수 없는 일에 몰두하면서, 끊임없이 신경을 날카롭게 세우고 사는 것이 얼마나 불행하고 가치없는 일인지 이제는 잘 알고 있다.

굳이 의사가 아니어도 한 번이라도 나를 본 사람이면 금방 알아볼 것이다. 보기 흉한 외모는 둘째 치더라도 너무나 마른 내 몸이 건강에 큰 문제를 안고 있다는 걸 쉽게 짐작할 수 있다. 이것은 생각의 힘만으로는 바꿀 수 있는 문제는 아니다. 친구들은 만약 자신이 나와 같은 상황이라면 절망에서 헤어나지 못할 거라고 말한다. 하지만 오히려 나는 그런 신체적인 약점 때문에 의지와 노력으로 바꿀 수 있는 일에 더 집중할 수 있게 되었다.

외모와 나의 건강에 대해 부정적인 생각을 품고 평생을 살 순 없었다. 나는 마음 속에 가득 찬 부정적인 생각들부터 지우기로 했다. 그래서 아침에 일어나면 이불 속에서 빠져나오기 전에 가장 먼저 하느님께 기도하는 것으로 하루를 시작했다. 가장 먼저 기도를 한 이유는 하느님과 나는 특별한 관계라고 생각했기 때문이다.

사람들 중에는 신앙을 갖고 있는 사람도 있고 그렇지 않은 사람도 있을 것이다. 누구에게나 종교의 자유가 있기에 나 역시 내 신앙을 강요할 생각은 없다. 다만 나는 양수가 없는 자궁에서 기적적으로 세상에 태어날 수 있었다는 걸 말하고 싶다. 태어나서도 몸에 지방이 축적되지 않아 여러 가지 합병증에 시달리면서 24년을 살아왔다. 그런 나에게 하느님에 대한 신앙은 선택이 아닌 필수였다.

신이 계획하신 기적이 아니라면 이 어려운 상황을 이겨내고 지금까지 내가 살아 있을 수 있을까. 하지만 이를 깨닫기 전까지는 다른 방식으로 하느님을 대했다. 내가 원하는 일들만 이뤄지길 바라며 기도를 했다. 그분이 계획한 일에 대해서는 생각조차 해 보지 않았다. 쉽게 말해 하느님을 산타클로스 같은 존재로 여겼다. 이젠 하느님이 나를 위해 좋은 계획을 갖고 계시다는 걸 잘 알고 있다. 나는 그런 사실을 의심하지 않는다. 다만 하느님의 좋은 뜻과 내가 좋아하는 일에는 차이가 있을 뿐이다. 지금까지의 경험으로 봤을 때, 그것이 하느님과 나 사이를 단절시키고 나에게 일종의 피해의식을 만들어낸 것 같다. 오랜 생각 끝에 하느님과 일방적으로 소통하려 해서는 안 된다는 결론에 도달했다. 그 대신에 마음 속에 있는 감정과 생각, 소망을 하느님과 나누기로 했다. 무슨 일이 일어났는지, 기분이 어떤지를 하느님께 털어놓기로 한 것이다. 그러자 홀가분함이 느껴지고 텅 비어 있던 마음에 기쁨이 채워지기 시작했다. 하느님과 대화를 나누기 시작하면서부터 이렇게 머릿속을 가득 채우고 있던 부정적인 생각들이 하나 둘씩 변하기 시작했다. 또한 그 동안 보려고 하지 않았던 삶의 긍정적인 측면들이 다시 눈에 들어오기 시작했다. 나는 이런 사실에 한없이 감사했고 내게 주어진 삶의 축복들을 하나하나 다시 발견할 수 있었다.

보통사람들은 자신을 사랑하지 않거나 자신이 가치 있는 존재라는 사실을 모르는 경우가 많다. 세상은 우리가 바라는 대로 완벽해지지 않는다. 자신에 대해 실망하거나 다른 사람에게 상처를 받았다면 오늘부터 당장 하느님께 기도해 보라고 권하고 싶다. 기도는 삶을 변화시켜 줄 것이다. 나 역시 기도를 시작하고 나서부터 하루를 더욱 평화롭게 보낼 수 있게 되었다.

물론 지금도 가끔은 거울에 비치는 내 모습을 볼 때마다 마음이 아프다. 하지만 그런 잡념들은 내 머릿속에서 만들어낸 생각에 불과하다. 그리고 이를 바로잡을 수 있는 사람은 나뿐이다. 이제 나는 다른 사람과 비교하고 싶어질 때면 내가 갖고 있는 장점들을 하나씩 떠올린다. 그러다보니 자연스럽게 부정적인 생각들은 사라지고 긍정적인 생각들이 내 머리 속을 채우게 되었다.

물론 이런 변화는 전등에 불을 켜는 것처럼 쉽게 할 수 있는 일은 아니다. 화분에 물을 주면서 꽃이 필 때까지 기다려야 하는 것처럼 인내의 시간을 가져야 한다.

　나는 내 자신의 장점을 목록으로 적어두고 시간이 날 때마다 읽어본다. 여러분도 시도해 보기 바란다. 꾸준히 실행하면 자신을 바라보는 태도가 바뀐다는 걸 느낄 수 있을 것이다. 물론 도중에 예상치 못한 어려움에 직면할 수도 있다. 그럴 때는 다음 구절을 떠올리면 도움이 된다.
　'하느님은 자신의 형상, 곧 하느님의 형상대로 인간을 창조하셨다.'
　삶을 바꿀 수 있는 사람은 세상에 단 한 명, 오직 자신뿐이다. 언제나 고개를 들고 미소를 띠며 자신을 믿어보자. 그러면 세상이 다르게 보일 것이다.

엄마의 일기_

　1990년 9월 10일
　2층으로 올라가고 싶을 때 너는 항상 아빠의 손을 잡고 계단을 오른단다. 오늘 밤, 널 목욕시킨 후 아래층에서 영화를 봤는데, 그 동안 너는 아빠와 함께 위층에 있었어. 네가 아빠와 시간을 보내는 건 좋은 일인데, 너무 아빠하고만 있는 것 같아서 싫구나.

생각 나누기

1. 알지도 못하는 사람이 여러분에 대해 함부로 판단할 때 어떻게 대처하는가?
2. 자신이 처한 상황에 불만을 가진 적이 있다면 무엇이 가장 힘들었는지 떠올려보자.
3. 약점이나 단점을 극복할 수 있는 가장 좋은 방법은 장점을 더욱 발전시키는 것이다. 자신의 장점을 목록으로 작성해 두고 틈틈이 읽어보자.

리지의 제안

세상에 태어난다는 것은 축복이고 하느님께서는 우리 모두에게 '삶'이라는 특별한 선물을 주셨다. 이는 사람들에게 가능성과 잠재력을 발휘할 기회를 주셨다는 걸 의미한다. 하지만 때때로 우리는 자신이 얼마나 가치 있고 소중한 존재인지 망각한 채 살아간다. 그 이유는 다른 사람의 말에 지나치게 신경을 쓰기 때문이다.

물론 사람은 혼자서는 살아갈 수 없으므로 다른 사람의 말에 귀를 기울여야 한다. 그러나 문제는 다른 사람의 말에 합당한 이유가 없음에도 불구하고, 너무 큰 의미를 부여한 나머지 심한 죄책감을 느끼거나 피해의식을 갖는다는 점이다.

　우리에게 허락된 시간은 누구에게나 한정되어 있고 할 일은 많다. 다른 사람의 말에 흔들리거나 자기연민에 빠져 무기력하게 시간을 보내면서 삶을 낭비해서는 안 된다. 또한 지나치게 죄책감을 느끼는 것도 상황을 더 악화시킬 뿐이다. 상황이 어려울수록 자신의 장점에 초점을 맞추고 발전하는 것에 초점을 맞춰야 한다. 그것이 상황을 바꾸고 자신을 위하는 길이다.

　하느님이 우리에게 삶을 허락하신 이유가 있을 것이다. 아마도 그건 영혼의 성숙과 발전이라고 생각한다. 스스로 위축되거나 세상으로부터 멀어진 외톨이가 되라는 뜻이 아니다.

사랑은 모든 지식의 시작이다.

토마스 칼라일(Thomas Carlyle)

다섯
번째

이야기

그래,
당당해지자

어떤 사람은 내가 지금까지 살아 있는 것 자체가 놀라운 일이라고 말한다. 나는 지금까지 살아온 세월보다 앞으로 살아갈 날이 더 많을 거라고 믿는다. 하지만 최종적으로는 하느님이 결정하실 일이다.

건강과 관련된 문제나 외모, 사람들의 곱지 않은 시선 등은 여전히 나를 괴롭힌다. 한때 나는 모든 걸 부정적으로 생각했다. 또 내 불행의 원인은 하느님 때문이라며 그분을 원망하기도 했다. 그러나 이제, 절망적으로 보이던 내게 주어진 삶의 조건들은 어떤 사람들에게는 희망과 긍정의 메시지가 되고 있다. 나는 이 점을 감사히 여긴다.

그와는 반대로 나를 기묘하거나 이해하기 어려운 사람으로 생각하는 사람들도 있다. 왜 그렇게 생각하는지 머리로는 이해를 하면서도, 그런 시선들 때문에 여전히 마음이 상하는 건 어쩔 수가 없다. 심지어 어떤 사람은 가까이 다가와서 무례한 질문을 던지기도 한다. 그럴 때면 나는 정말로 당황스럽다. 그저 빤히 쳐다보거나 무시하는 정도라면 이젠 그럭저럭 넘길 수 있게 되었다. 하지만 가까이 다가와서 말을 걸 때는, 꼭 그렇게까지 공개적으로 망신을 주어야 하는 것인지 마음이 슬퍼진다. 그런 날은 하루 종일 기분이 우울하다.

나를 보고 놀라는 사람들의 반응을 이해한다. 나라고 해도 전혀 다르게 생긴 누군가를 본다면 호기심이 생길 것이다. 하지만 '쟤 좀 봐!'하는 수군거림을 들을 때마다 극도의 무력감이 엄습한다. 그런 말들은 내 자존감을 산산이 조각내버린다.

이런 상황에서도 친구들과 함께 있으면 나는 전혀 다른 사람이 된다. 친구들과 함께 있으면 아무리 사람들이 나를 곁눈질로 쳐다보며 수군거려도, 그저 피식 웃으면서 대수롭지 않게 웃어넘길 수 있다. 내 친구들이 나를 쳐다보는 사람들을 무안하게 만들기 때문이다. 그럴 때면 친구들은 누구나 들을 수 있게 큰 소리로 말한다.

"누군가 자꾸 쳐다보는 거 정말 싫지 않니? 사람들이 너무 교양이 없어!" 그럴 때면 사람들은 '아, 저는 쳐다본 게 아닌데요.'라고 변명이라도 하는 것처럼 시선을 돌린다. 나는 이런 상황이 정말로 재미있고 친구들과 함께 있으면 사람들의 시선도 불편하게 느껴지지 않는다. 누구에게나 친구는 의미있고 소중하지만 나에게는 특히 친구란 고맙기만 한 존재들이다. 그들은 내가 얼마든지 다른 사람과 더불어 살아갈 수 있는 '평범한 사람'이라는 사실을 매번 느끼게 한다. 상상조차 하기 싫지만 친구들이 없었더라면 나는 주변 사람들의 시선에 짓눌려 집밖으로 한 발짝도 나가지 못했을 것이다.

그에 반해 가족들과 함께 외출할 때면 고민에 빠진다. 사람들이, 나를 부모님과 꼭 동행해야 할 사람으로 생각할까봐 신경이 쓰인다. 물론 엄마와 아빠가 나와 붙어다니려고 하는 이유를 잘 알고 있다. 사람들이 무례하게 대할 때 나를 보호하려고 하는 마음을 충분히 이해한다. 하지만 때로는 그런 보호가 나에 대한 선입견을 심어주는 게 아닐까, 하고 생각되기도 한다. 또래 아이들 중에서 나처럼 부모에게 보호를 받는 사람은 거의 없기 때문이다.

그럼에도 가족과 함께 있을 때가 혼자 있을 때보다 항상 더 낫다. 그건 분명한 사실이다. 많이 좋아지긴 했지만 나는 혼자 있을 때 사람들이 쳐다보면 아직도 무방비상태가 되곤 한다. 어떤 사람은 그런 무례한 사람들에게 뭐라고 한 마디라도 해 주지 그러냐며 안타까워한다.

나 역시 그런 사람들에게 '그만 처다봐요! 날 좀 내버려둬요!'라고 소리치고 싶을 때가 많다. 하지만 그것이 근본적인 해결책이 될수 없음을 알고 있다. 내가 그렇게 말하면 오히려 사람들은 나를 더욱 부정적인 시선으로 바라볼 것이다. 나는 그들과 똑같이 무례하게 행동하지 않고 더 현명하게 대처함으로써, 나에 대한 선입견을 줄여 나가고 있다.

상황을 개선하고 변하시키기 위해서는 내면의 힘을 길러야 한다. 사람들의 반응이나 시선에 일일이 대응하다 보면 거기에 모든 힘을 소진하게 될 것이다. 또한 그러다간 정말로 나 자신이 그들이 함부로 말하고 예상하는 모습으로 변해버릴지도 모른다.

외모를 보고 함부로 판단하는 사람들은 내가 혼자서는 아무것도 못할 것이라고 단정한다. 더 거칠게 표현하는 사람들은 내가 아무 쓸모도 없는 폐기물이라고 악담을 하기도 한다. 하지만 나는 집에 틀어박혀 밥이나 축내는 애물단지가 아니다. 병을 구실로 삼아 사람들의 동정을 구하는 비루한 인간도 아니다.

현재 나는 내가 원하는 방식으로 삶을 살고 있으며 최선을 다해 주어진 시간을 사용하고 있다. 또 몸이 병약하다는 이유로 해야 할 일을 포기한 적도 없다. 사람들이 나를 대하는 무례한 태도가 거슬린다고 애꿎은 사람들에게 화풀이를 해 본 적도 없다.

나는 부모님과 학교, 사회가 제공하는 교육을 충실히 받았고, 사회 구성원에게 요구되는 자질을 갖추려고 많은 노력을 했다. 이는 신체의 약점을 이겨내고 사람들과 더불어 행복하게 살기 위해서는 반드시 필요한 과정이다. 나는 힘들다고 그것들을 포기할 생각이 없다.

내가 이렇게 생각할 수 있었던 데에는 부모님의 영향이 컸다. 아빠는 나를 숨기거나 사람들에게 떨어뜨려 놓고 키우지 않았다. 오히려 가능한 한 더 많은 사람들과 어울리게 하려고 했다. 이는 내가 인생을 살아가는 데 있어서 꼭 필요한 일이었고, 엄마, 아빠가 나를 지극히 평범한 아이로 여겼기에 가능한 일이었다. 지금도 부모님은 다른 사람들이 나에 대해 물어보면 스스럼없이 대답해 준다. 오히려 사람들이 나를 어떻게 생각하는지가 더 궁금하다고 한다.

몸이 병약하다는 걸 제외하면 살면서 감사해야 할 일들이 너무나 많다고 느낀다. 좋은 부모님 덕분에 부족하지 않은 환경에서 자랐고 친구들과 친척들은 나에게 변함없이 사랑을 주었다. 만약 내가 집안에 틀어박힌 채로 살았더라면, 병약한 신체만큼이나 건강하지 못한 자아를 갖게 되었을지 모른다.

"저는 리지를 숨기거나 사람들에게서 떼어놓으려 하지 않았어요. 오히려 공공장소 같은 곳에서 사람들과 더 어울리게 했어요. 가끔 사람들이 리지에 대해 물어오면, 저와 아내는 피하지 않고 스스럼없이 대답해 주었고요. 내 눈엔 리지가 지극히 평범한 아이로 보이기 때문이죠. 오히려 사람들이 리지를 볼 때 어떤 생각이 드는지 궁금해요. 물론 객관적으로 볼 때 리지가 보통 사람들과는 다른 외모를 갖고 있어서 겉모습은 다르지만, 생각하는 건 평범한 아이들과 전혀 다르지 않거든요."

리지의 아빠

동서고금을 막론하고 여자라면 누구나 예뻐 보이려는 열망을 갖기 마련이다. 특히 요즘 미디어나 대중매체들은 끊임없이 '예쁜 여자' 이미지를 생산해내고 있다. 그 결과 대중들의 의식에 뿌리깊이 박혀버린 '미의 기준'에 부합하려고 세상 모든 여자들이 애를 쓴다.

나는 어린 시절에 머리 모양을 아무리 바꿔도, 아무리 예쁜 새 옷을 사 입어도 다른 여자 애들과 같은 모습이 될 수 없다는 사실에 절망했다. 그때 나는 마치 잰 브래디(Jan Brady) 같았다. 그녀는 권위를 갖고 있었지만 주근깨를 없앨 수 없어서, 얼굴을 세차게 문지르면서 주근깨를 없애려고 조바심을 냈다. 나도 그랬다. 하지만 아무리 그래도 내 모습은 변하지 않았다. 그런 사실은 나를 더욱 깊은 절망 속으로 밀어넣었다.

흔히 어린 시절은 너무 빨리 지나간다고 말한다. 하지만 나의 어린 시절은 사람들의 시선에 전전긍긍하며 깊은 좌절감 속에서 힘들어하던 기억들만 가득하다. 하루하루를 살아가는 것이 너무나 길게 느껴졌다. 더욱이 나의 문제는 어른이 된다고 해서 해결될 문제가 아니었다. 이렇게 세월이 흐르고 흘러도 내 고통의 크기는 커져만 갔다.

고교 2학년이 되던 해의 어느 날, 그런 내 사고방식에도 전환이 일어나고 있었다. 문득 이렇게 태어난 데에는 이유가 있지 않을까, 라는 생각이 머리를 스친 것이다. 나 자신을 있는 그대로 받아들이고 좋아할 필요성을 느끼기 시작한 것이다.

'태어날 때부터 정해진 삶의 조건은 바꿀 수 없다. 그리고 변하지 않을 조건 속에서 살아가야 한다면 어떻게 해야 할까.' 생각이 여기에 미치자, 거울에 비친 내 모습에 대해 부정적인 생각을 멈추라는 내면의 소리가 들려왔다.

나는 앞으로도 외모 때문에 좌절하는 날이 많을 것이다. 하지만 그건 나에게만 해당되는 일이 아니다. '미'에 대한 여성들의 투쟁은 먼 옛날부터 지금까지 계속 되어왔지 않은가. 나도 그런 여성 가운

데 한 사람일 뿐이다. 그럼에도 불구하고 여전히 아쉬운 생각이 드는 건, 사람들이 그저 외모만 보고 나의 모든 걸 아는 것처럼 판단한다는 점이다.

인간은 오랜 세월을 걸쳐 하나의 인격체로 진화했고, 다른 관점에서 상대를 바라보고 이해하려고 한다. 그런 노력을 통해 자신과 달라 보이는 사람도 같은 인간이며, 그들에게서 교훈을 얻을 수 있다는 사실을 깨닫는다.

나는 강연할 때마다 이 부분을 항상 언급한다. 청중들도 내가 토해내는 마음의 고통에 공감한다. 그리고 불리한 조건에 굴하지 않고 최선을 다해 살아온 나를 격려하고 응원해 준다. 또 나는 강연에서 아무리 어려운 상황에 처하더라도 어려움에만 초점을 맞추지 말라고 강조한다. 내면의 힘을 기르고 어려운 상황을 성장의 도구로 삼으라고 말한다. 경험에 의하면, 살면서 겪는 고통이나 시련은 그 안에 포함된 교훈을 배우려고 할 때 비로소 의미가 있다. 이런 과정을 거치면서 인격도 성숙해진다.

고통과 시련을 대하는 태도를 바꾸면 인생이라는 기나긴 순례의 여정에 필요한 용기와 끈기를 얻을 수 있다. 또한 세상을 바라볼 때 성숙한 관점을 갖게 되어 눈에 보이는 것 이상을 볼 수 있고, 주위 사람들에게 특별한 감동과 영감을 줄 수 있다.

여러분은 때때로 인정하기 어려운 상황과 불합리한 대우를 받았다고 생각되어 억울함을 느낄지 모른다. 그렇다 하더라도 좌절하지 말고 거기서 소중한 교훈을 얻으려고 해야 한다. 그러면 여러분은 더욱 현명해질 것이고, 더 큰 시련과 고난을 이겨낼 수 있는 힘을 얻게 될 것이다. 인생을 살면서 내가 얻은 정말로 가치 있는 교훈이 있다. 아무리 어려운 상황에 처하더라도 긍정적인 면을 찾으려고 할 때 어려움을 극복할 수 있다는 점이다.

다른 사람들도 마찬가지일 테지만 나는 우울하거나 좌절감을 느낄 때 주변 사람들의 위로에서 힘을 얻는다. 만약 내가 분노와 함께 좌절하거나 슬퍼하기만 했더라면 아무도 내 곁에 다가오려 하지 않았을 것이다. 나 역시 항상 우울해 보이는 사람 곁에는 있고 싶지 않을 것이다.

아빠는 웃고 싶지 않을 때도 나를 웃기려고 한다. 어떻게 하면 내가 웃는지도 잘 알고 있다. 아빠는 내 기분을 풀어주려고 "내가 셋까지 셌는데 웃지 않는다면, 그건 네가 정말로 화가 났다는 뜻이겠지?"라고 말씀하신다. 그럴 때면 나는 어쩔 수 없이 웃고 만다. 아빠가 그렇게 말할 때, 나는 지금까지 웃지 않은 적이 한 번도 없다. 심지어 아빠는 내가 수술에서 회복하느라 엄청나게 힘들어할 때도 특유의 유머로 나를 웃게 했다. 그러면 나는 실밥이 터지려고 하니 너무 심하게 웃기지 말아달라고 부탁하곤 했다. 아빠가 나를 자꾸 웃기려고 하는 데에는 이유가 있다. 웃음만큼 좋은 약이 없다고 생각하기 때문이다. 물론 나도 사람인지라 영 웃고 싶지 않은 기분일 때가 있지만, 그런 상황에서도 웃을 수 있는 무언가를 찾는 것이 좋다.

가까운 사람들은 모두 알 정도로 나는 어릴 때부터 쇼핑하는 걸 무척 좋아했다. 특히 쇼핑하려고 외출할 때는 옷에 신경을 많이 쓴다. 사람들이 나를 항상 쳐다보기 때문에 보여줄 거라도 있어야 한다고 생각하기 때문이다.

나에게 맞는 옷을 찾기란 정말로 어려운 일이지만 쇼핑을 하러 갈 때면 항상 마음이 들뜬다. 물론 좋아하는 옷을 발견해도 대부분은 옷이 너무 커서 입을 수가 없다. 나에게는 여전히 아이들 옷이 맞기 때문에, 오히려 아동복 중에서 꽃무늬나 만화 캐릭터가 없는 반바지나 신발을 찾는 것이 더 어렵다. 특히 잘 맞는 청바지를 찾는 것은 너무 어려운 일이다.

최근에 엄마, 아빠가 트리플 0사이즈를 파는 가게를 발견하기 전까지 내 몸에 맞는 청바지를 찾는 일은 우리 가족에겐 큰 고역이었다. 엄마, 아빠가 내 몸에 맞는 청바지를 파는 가게를 찾아냈을 때 너무 기뻤고 그 덕분에 나도 스키니 청바지를 입어볼 수 있었다.

쇼핑은 이렇듯 내가 아주 좋아하지만 곤욕스러운 취미 중의 하나이다. 지금도 쇼윈도에 걸린 다양한 옷들을 살펴보면서 나에게 어울릴 만한 옷들을 고르는 걸 좋아한다. 그러나 맞는 사이즈가 없다는 걸 확인하고 나면 금세 우울해진다. 이럴 때 친구들이 곁에 있으면 기분이 금새 풀어진다. 특히 친구들과 함께 영화를 보거나 캠퍼스 주변을 산책하면 항상 기분이 좋아진다.

그래서인지 대학에 입학한 뒤부터 친구들과 여행을 많이 다녔다. 우리는 기숙사에서 뒹굴다가도 지루해지면 곧바로 가방을 싸서 캠핑을 떠나곤 했다.

쇼핑을 하거나 여행을 떠나는 것 외에 내가 좋아하는 취미는 먹는 것이다. 특히 치킨 핑거, 감자튀김, 페퍼로니 피자, 그릴 피자를 좋아한다. 캠퍼스 근처에 있는 가게 점원들은 내가 줄을 서 있는 것만 봐도 무엇을 주문할지 훤히 꿰뚫고 있을 정도다. 간혹 보너스로 더 주는 사람도 있는데, 아마도 내가 많이 먹어야 한다고 짐작하기 때문일 것이다. 하지만 친구들은 내가 전혀 다를 바 없다고 생각하기 때문에 불공평하다며 종종 볼멘소리를 하기도 한다.

나는 살기 위해 의무적으로 음식을 많이 먹으려고 신경을 써야 한다. 이것은 무척 피곤한 일이다. 하지만 나는 음식을 먹으면서 사랑하고 감사하는 마음을 갖게 된다. 음식에서는 인간을 위해 세상을 창조하신 하느님의 사랑을 느낄 수가 있다. 하느님은 인간에게 자연의 산물을 먹을 수 있도록 허락하셨고, 우리는 음식을 먹는 평범한 행위에서 기쁨과 감사와 풍요를 느낀다.

갑자기 우울한 기분이 들 때가 있는가? 그럴 때는 일상적인 상황에 있더라도 웃음거리를 찾아보는 것이 좋다. 또는 재미있는 이야기를 나누거나, 쇼핑이나 여행, 맛있는 음식 먹기 등, 일상에서 소소한 취미를 즐기는 것도 좋은 효과를 낼 수 있다.

엄마의 일기_

1991년 2월 15일

리지야, 언젠가 이 일기를 읽는다면 넌 마치 내가 직접 이야기를 들려주는 것처럼 느낄 수 있을 거야. 이 일기에 적은 이야기들은 너와 아빠, 그리고 우리와 인연을 맺은 모든 사람들이 갖고 있는 행복한 추억이란다.

이 글을 읽을 때쯤이면 넌 젊고 아름다운 숙녀가 되어 있겠지? 내가 옆에 앉아 이 모든 이야기를 너에게 직접 들려주는 것처럼 느끼길 바라며, 아름답고 특별한 나의 숙녀 리지에게 이 편지를 쓴다.

생각 나누기

1. 누군가가 자신을 뚫어지게 쳐다본다면 어떻게 대처할 것인가?
2. 누군가가 불합리한 대우를 받고 있거나 옳지 않은 행동을 하고 있는 것을 보았을 때, 여러분은 도움의 손길을 내밀 수 있는가?

리지의 제안

내가 아닌 다른 사람의 고통을 헤아린다는 것은 생각보다 쉬운 일이 아니다. 우리는 아프리카에서 살아가는 여성의 인생이나, 다리 밑에서 웅크리고 잠을 자는 노숙자, 제대로 보호받지 못하는 아이들과 같이 열악하고 가혹한 환경에서 살아가는 사람들의 이야기를 듣게 된다. 그러나 대부분의 사람들은 다른 사람의 어려움을 자신과는 무관한 일로 여긴다. 심지어 무관심은 번거로운 일에 휘말리지 않는 삶의 지혜라고 여기기도 한다.

만약 여러분이 어려운 상황에 처했을 때 모두가 외면한다면 어떤 생각이 들겠는가? 그런 때를 상상하면서 이타심과 배려하는 마음을 갖도록 하자.

삶은 행동과 반응, 도전과 실수, 변화의 연속이다. 근거 없는 믿음은 마음 속에 두려움이 내제되어 있다는 걸 의미한다. 적극적인 대처를 할 때 비로 소 바른 판단을 할 수 있다.

브루스 바튼(Bruce Barton)

여
섯

번
째

이
야
기

세상의 칼날

모진 말에 상처를 받거나 비교의 대상이 되는 것은 나에 겐 생소한 일이 아니다. 외모를 비하하는 수백 통 의 이메일을 받는 것도 일상이 되어버린지 오래다. 심지어 부모님 이 나를 낳은 걸 후회할 거라는 터무니없는 중상을 듣는 경우도 많 다. 물론 모든 사람이 나를 비난하고 조롱하는 건 아니다. 내 책을 읽은 독자들과 강연에 참석한 청중들은 아낌없이 나를 지지하고 응 원해 준다. 하지만 나에게 호의를 보이는 사람들만큼이나 악의와 적개심을 드러내는 사람들도 많다. 어떤 사람은 나를 조롱하기 위 해 웹사이트까지 만들었다. 나는 '엔사이클로피디아 드라마티카 (Encyclopedia Dramatica)'를 처음 보았을 때 느낀 절망감을 지금도 지울 수가 없다.

이전부터 사람들이 외모 때문에 무례하게 군다는 것은 알고 있었다. 하지만 누군가가 나에 관해 악의적인 글을 올리기 위해 웹사이트까지 만들었다는 사실은 상상조차 하지 못했다. 처음에 나는 이모든 것들이 현실이 아닌 꿈속에서 일어나는 일처럼 느껴졌다. 누군가에게 피해를 주기 위해 이런 일까지 서슴치 않는다는 사실을 받아들일 수가 없었다. 나는 다른 사람들에게 피해를 주거나 큰 잘못을 저지른 적이 없다. 내가 그런 대우를 받을 이유는 어디에도 없었다.

그 웹사이트를 만든 사람은 내가 단지 흉한 모습으로 태어났다는 이유만으로, 나를 비난하고 모독하는 것을 당연하게 여기고 있었다. 더 최악인 것은 적지 않은 사람들이 거기에 동조하고 있었다는 점이다.

웹사이트를 처음 발견했을 때, 나는 이루 말할 수 없는 충격에 빠져 숨도 제대로 쉬지 못하면서 글을 읽어내려 갔다. 상상할 수도 없을 만큼의 악의에 찬 글들을 읽고 또 읽었다. 내가 어떤 사람인지 전혀 알지도 못하는 사람들이 어떻게 이토록 잔인할 수 있는지 경악했다.

웹사이트에는 나의 가족과 친구들 사진까지 올라와 있었다. 그리고 그 밑에는 역겨운 제목들이 붙어 있었다. 비난의 화살이 내 주변 사람들에게까지 미치고 있었기에 나는 심한 죄책감을 느꼈다. 나와 가까이에 있다는 이유만으로 가족과 친구들까지 조롱과 비난의 대상이 되다니!!

인간은 본능적으로 아름다운 신체에 호감을 갖는다. 그리고 나는 그 아름다움과는 철저히 반대편에 서 있다. 그러니 사람들이 나를 보고 놀라거나 꺼려하는 건 당연한 일이라고 생각하며 체념하곤 했다. 하지만 내 외모에 대한 조롱과 비난에 그치지 않고 주변 사람들까지 모욕하는 데에는 견딜 방법이 없었다.

그 웹사이트에 내가 아끼는 사람들에 대한 비난이 없었더라면 내가 그토록 힘들어하시는 않았을 것이다. 고작해야 며칠 동안 속상해 하다가 누군가 컴퓨터 앞에 앉아 홈페이지를 만들 만큼 나는 특별한 사람이라고 치부하면서 상처받은 마음을 달랬을 것이다.

인정하기엔 슬픈 일이지만 오랫동안 있어왔던 나를 향한 수군거림과 손가락질에 어느 정도 단련이 되어 있었다. 그러나 친구들과 가족들이 나 때문에 조롱을 받는다는 사실을 알게 되었을 때 나는 속수무책으로 무너져내렸다. 가족과 친구들이 소중한 만큼 그들에 대한 이유없는 비난은 그렇게 내 마음에 치유할 수 없는 상처를 남겼다.

이메일로 전달되는 거칠고 원색적인 말투와 나를 아끼는 사람들의 애정어린 조언은 다르다. 이메일을 보내온 사람들 중에는 나에게 자살하는 방법을 알려주겠다고 말하는 사람도 있었다. 실제로 나를 보면 눈이 멀어버릴 거라며 비아냥거리는 사람도 있었다.

지난 몇 년 동안 그런 이메일들을 셀 수 없이 받아왔다. 그리고 시간이 지나면 잠잠해질 거라는 나의 예상도 항상 빗나갔다. 시간이 지나도 예외 없이 정도가 더 심해진 말들이 들려왔다. 처음엔 무시하면서 신경을 쓰지 않으려고 했다. 하지만 어느 순간부터는 참는 것만이 미덕은 아니라는 생각이 들기 시작했다. 이메일을 보내온 사람들은 나에게만 그렇게 행동하지 않을 것이다. 다른 누군가에게도 나와 똑같이 고통을 주고 있을지 모른다는 곳에 생각이 미치게 되었다.

그들이 나를 모욕하는 이유는 단순하다. 자신과 다르게 생겼다는 것이다. 물론 내 외모가 특이하긴 하지만 다른 사람보다 더 말랐다고 비난받을 일은 아니다. 만약 그런 일들을 인정해버린다면 나 말고도 선량한 피해자는 얼마든지 생길 것이다. 서로 다른 점을 존중하지 않고 배려하지 않는 행동은 나에게만 국한된 문제가 아니었다. 나는 대응방식을 바꾸기로 마음먹었다. 오랜 고민 끝에 사람들 앞에 내 모습을 있는 그대로 드러내기로 했다. 그리고 더 많은 사람들과 이 문제를 공유하기로 했다. 그러다 보면 상황을 변화시킬 수 있을 거라는 생각이 들었다. 터무니없는 이유로 비난을 받고 있는 사람들을 도울 수 있을 거라는 기대감도 있었다.

이런 노력의 결과, 이후 나는 청중들 앞에서 강연할 수 있는 기회를 얻게 되었다. 막상 많은 사람들을 앞에 두고 내 이야기를 하려고 할 땐 설레기도 하고 긴장도 되었지만 결과는 예상했던 것보다 훨씬 만족스러웠다. 많은 사람들이 응원과 지지를 보내주었을 뿐 아니라, 사람들과 함께 세상을 좀 더 살기 좋은 곳으로 만들어가는 활동까지 할 수 있게 되었다.

이런 결과는 내가 사람들 앞에 나를 드러내기로 한 용기의 대가였다. 만약 내가 겁을 먹고 움츠러들기만 했더라면, 전 세계의 독자들로부터 따뜻한 위로의 메시지를 받을 수 없었을 것이다. 독자들도 건강한 신체가 얼마나 감사할 일인지 다시 한 번 생각해 볼 수 있었고, 어려운 처지에 놓여 있는 사람들도 살아갈 용기를 얻게 되었다.

나는 이 일을 계기로 사람들 앞에 나선 그 용기를 잃지 않는다면 앞으로도 하지 못할 일은 없을 거라는 자신감을 얻게 되었다. 사람들 앞에 나서기로 한 결정은 이렇게 내 인생을 바꿔놓았다.

물론 악의적인 글을 읽을 때면 여전히 화가 치밀어 오른다. 도저히 납득할 수도 없고 용납할 수도 없는 조롱과 모욕을 듣고 있을 때면, 21세기가 아닌 마녀사냥을 하던 중세시대가 아닌가 하는 착각이 들기도 한다.

그들은 나를 인간이 아닌 괴물이나 외계인쯤으로 생각한다. 또 어떤 사람은 지구에서 살아선 안 될 존재라며 폭언을 퍼붓는다. 누구든 그런 말을 듣게 되면 분노와 적개심, 슬픔을 느낄 것이다. 나 또한 그런 감정에 휘둘려 너무나 고통스러운 시간을 보냈다. 하지만 지금은 그런 일들도 내가 극복해야 할 도전이라고 생각한다.

나를 비난하는 사람들은 물론이고 주변 사람들조차 너무 쉽게 "네가 그걸 어떻게 할 수 있어?" 라고 말한다. 하지만 어느 순간부터 나는 그들의 생각이 틀렸음을 증명하는 걸 즐기게 되었다. 나는 사람들이 생각하는 것 이상으로 훨씬 더 잘 해낼 수 있는 힘과 용기를 갖고 있다. 무엇보다 내 자신이 그것을 해낼 만한 가치 있는 존재라고 믿는다.

예를 들어, 이메일을 보내온 사람들 중에는 내가 아무 것도 하지 못하고 집 밖으로는 절대로 나가지 못할 거라고 말한 사람이 있다. 그것은 전혀 사실과 다르다. 내가 그들의 말에 발끈하는 이유는 나를 모르는 사람들의 추측에 불과하기 때문이다. 이렇게 나에 대해 무엇 하나 제대로 알지 못하는 사람들이 함부로 판단하고, 마치 그것을 기정사실처럼 여기는 모습을 보면 솔직히 불쾌하다.

나는 그들의 생각이 틀렸다는 걸 깨닫길 바라며 더욱 활발히 외부활동을 했다. 다른 사람들에 비해 좀 더 마른 것일 뿐, 나는 지극히 정상이고 평범한 사람이라는 걸 알리고 싶었다. 결국 나는 이 일을 시작했을 때 기대했던 것 이상을 얻을 수 있었다. 게다가 아주 중요한 삶의 교훈을 얻을 수 있었다.

'긍정을 이길 수 있는 부정은 존재하지 않는다.'

조금 유치하지만 나는 원하는 걸 이룰 때마다 이메일들을 다시 읽어보면서 이렇게 되뇌인다.

"그것 봐, 할 수 있다고 했잖아."

이런 자기암시는 어쩌면 내 안에 있는 두려움과 자책감을 이겨내고 싶어하는 몸부림이었을지 모른다.

나는 이메일을 보내온 사람들이 누구인지 모르고 그늘이 나에 대해 어떤 관심을 갖고 있는지 알 수 없다. 나는 그들의 터무니없는 추측들이 사실과 다르다는 것을 내 자신에게 증명하고 싶었다. 물론 나는 그들이 틀렸다는 증거와 확신을 갖고 있었다. 이런 경험들이 하나하나 쌓여 가면서 나는 점차 자존감을 회복할 수 있었다.

시간이 지나면서 점점 악성 이메일에 대처하기 쉬워진 것도 이런 생각의 변화 때문에 얻게 된 소득이었다. 사람들의 예상을 뒤집게 될 때마다 나는 만족과 성취감을 느낄 수 있었다. 동시에 삶에 대한 의지와 용기도 더욱 확고히 할 수 있었다.

어려운 상황을 이겨낼수록 삶에 대한 고마움을 더욱 진하게 느끼게 된다. 살아가는 데 필요한 자신감도 점점 커져가는 것을 느낄 수 있다. 나는 아무리 비바람이 몰아쳐도 끄떡하지 않는 나무처럼 당당하게 서서, 하느님이 나를 통해 보여준 기적을 세상 사람들에게 알리고 싶다. 이런 생각을 하게 된 것은 그 일을 겪을 무렵으로, 내 생각을 크게 변화시키는 계기가 되었다.

사명을 완수하기까지 여전히 더 큰 시련이 필요했는지 모른다. 이후에 벌어진 사건들은 내 인생에서 가장 슬프고 끔직한 일이었다. 나는 그 일로 정말로 큰 충격과 슬픔에 빠지고 말았다.

사건은 누군가가 내 모습을 찍은 동영상을 유튜브에 올린 것에서 비롯되었다. 동영상에는 '세상에서 가장 못생긴 여자'라는 제목이 붙어 있었다. 첫 번째 동영상을 봤을 때 나는 컴퓨터 앞에 앉아 밑에 달린 수천 개의 댓글들을 모두 읽고는 그 자리에 얼어붙고 말았다. 그리고 그날 나는 태어나서 가장 많은 눈물을 흘렸다.

사람들은 나에 대해 상상하고 싶지도 않은 멸시와 경멸을 쏟아내면서 나를 괴물로 취급하고 있었다. 하염없이 흐르는 눈물을 닦아내면서, 어떻게 인간이 이토록 잔인할 수 있는지 끊임없이 생각하면서 분노했다. 하지만 어느 순간, 마를 것 같지 않던 눈물도 거짓말처럼 멈췄고 내 분노도 가라앉기 시작했다. 지금 같은 상태가 지속되면 더 이상 버티지 못하고 무너져버릴 것 같다는 두려움이 내 안에서 방어기제를 작동시킨 것이다.

나는 부모님께 이 일에 대해 털어놓기로 했다. 그리고 엄마의 도움으로 한두 개의 동영상을 유튜브에서 지울 수 있었다. 나는 그 정도 선에서 위안을 삼으려고 했다. 하지만 거기서 끝나지 않았다.

유튜브를 통해 나를 괴롭히던 한 사람이 아무리 동영상을 지워도 자신은 계속 올릴 것이며, 네가 이긴 것이 아니라는 내용의 이메일을 보내온 것이다. 그 순간 나는 격분한 나머지 키보드를 부숴버릴 뻔했다.

솔직히 말해 모든 댓글에 일일이 답글을 달아볼까도 생각해 봤다. 하지만 의미 없는 일이라는 생각이 들었다. 그들과 소모적인 논쟁을 시작하면 아무것도 하지 못한 채 살아갈 힘을 모두 소진해버릴 것 같았다. 결국 나는 형편없는 그 사람들과 논쟁하지 않기로 했다. 논쟁을 하면 나 역시 그들과 똑같아질 뿐이라는 사실을 깨닫고, 이 경험을 더 많은 걸 이루는 데 쓰기로 마음먹었다.

어차피 내 인생은 애초부터 불편한 말들과 싸우는 것으로 정해져 있었다. 그리고 지금까지는 그들의 예상이 빗나갔음을 보기 좋게 증명하면서 잘해 왔다. 그렇기에 이번 일도 잘 해낼 수 있을 거라는 자신감이 있었다.

이 책을 읽는 독자들 중에도 나와 유사한 경험을 해 본 사람들이 있을 것이다. 나는 그들에게, 다른 사람의 기준에 자신을 맞추려고 애쓸 필요가 없다는 걸 말해 주고 싶다. 그것보다는 가까운 곳에 있는 주변 사람들에게 더 관심을 가져주고 그들의 말에 귀 기울여주는 편이 훨씬 더 생산적이다.

무엇보다 중요한 건 자신을 괴롭히는 부정적인 생각들에서 벗어나는 것이다. 어떤 사람이든 악의적인 말을 듣게 되면 자존감은 떨어지고 열등감과 피해의식을 갖게 된다. 많은 사람들이 이런 사실을 너무 쉽게 간과한다. 만약 참을 수 없는 악의적인 말을 듣게 되더라도, 오히려 더 자신에게 애정과 믿음을 가져야 한다.

인생에서 시련과 고난을 멋지게 극복하고 싶은가. 그렇다면 적어도 하루에 한 번씩 자신을 사랑한다고 말해 보라. 어느 순간부터 내면에서 새로운 활력과 에너지가 솟아날 것이다.

엄마의 일기_

1991년 2월 1일

니키는 이제 너를 리지라고 부르고 '엘리자베스'라고도 발음할 수 있어. 니키는 너와 안젤리타랑 얘기하는 걸 좋아한단다. 언제부터 알았는지 이제는 화장지가 어디에 있는지도 알아. 그래서 콧물이 나올 때마다 너보고 자기 코를 닦아달라고 하는구나. 니키, 안젤리타, 너는 정말로 빠르게 자라고 있어. 내가 보기엔 서로 곁에 있어서 그런지, 너희들 모두 더 빨리 크는 것 같다.

생각 나누기

1. 자신을 괴롭힌 적이 있는가?
2. 다른 사람을 조롱하거나 놀려본 경험이 있는가?
3. 만약 그렇지 않다면 반대로 손가락질을 당했을 때의 기분은 어땠는가?
4. 견딜 수 없이 화가 날 때 마음을 다스리면서 차분하게 사람을 대할 수 있는 방법을 생각해 보았는가?

리지의 제안

사람들과 원만한 관계를 유지하는 것은 매우 중요하다. 하지만 다른 사람의 관점에 자신을 맞추려고 과도하게 노력하는 것은 좋은 태도가 아니다.

사람들과 좋은 관계를 맺고 싶다면 주변 사람들에 대해 관심을 갖고 이야기를 들어주는 것부터 시작해 보자. 단, 그 전에 먼저 자신을 사랑하는 방법을 알아야 한다. 자신을 존중하지 않으면 다른 사람에게 존중받을 수 없다.

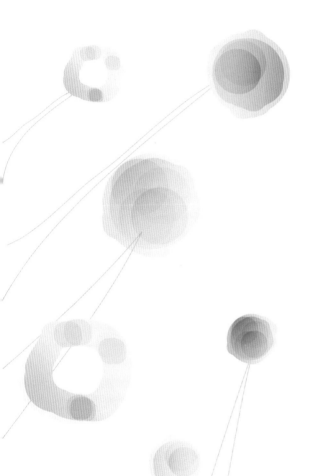

인생에서 중요한 것은 얼마나 오래 사느냐가 아니라 얼마나 의미 있게 사느냐이다.

랄프 왈도 에머슨(Ralph Waldo Emerson)

일곱
번째
이야기

신만이 아는 일들

세상에 태어난지 24년이 흘렀지만 내 병에 대해서는 원인조차 알려진 게 없다. 내 병은 너무나 희귀한 나머지 전 세계를 통틀어 단 세 명만이 앓고 있다. 이 병의 가장 큰 특징은 몸에 지방이 축적되지 않아 신체 조직이 딱딱해지는 것이다. 그것뿐이라면 다행일 정도로 나이를 먹어 가면서 여러 가지 증상들이 동시에 나타나서 나를 괴롭히고 있다.

현재 내 오른쪽 눈은 시력을 완전히 잃은 상태이고 청각과 뼈에도 이상이 있다. 간혹 어떤 사람은 단순히 살이 찌지 않는 것일 뿐 건강엔 별 문제가 없지 않냐고 묻기도 한다. 사람의 몸에서 지방조직은 반드시 필요하다. 지방이 축적되지 않는 이 병의 특성 때문에 내 몸에는 여러 가지 합병증이 나타날 수 밖에 없다. 그래서 세심한 주의와 관리가 필요하다.

　내가 태어난 후, 수많은 의사들이 병명과 원인, 치료법을 알아내려고 노력했지만 모두 실패하고 말았다. 각계의 전문가들이 모여 논의를 거듭했음에도 치료할 방법을 찾아내지 못한 것이다. 그러다 내가 세 살이 되던 1992년, 염색체 전문가들은 '드바시 신드롬'이라고 진단했다. 그러면서 엄마와 아빠에게 더 이상 건강한 자녀를 가질 수 없다고 말해 온 가족이 충격에 빠지기도 했다. 하지만 엄마와 아빠는 곧 다른 방안을 모색했다. 나를 낳은 것에 대해 이전보다 더 감사하기로 한 것이다.

　그런데 오래 되지 않아 내 병이 '드바시 신드롬'이 아닐 거라는 또 다른 의견이 제시되었다. 분명 일반적인 범주에는 포함되지만 구체적인 증상들을 고려할 때, 드바시 신드롬과 내 상태는 다르다는 것이었다. 결국은 의사들도 정확한 진단을 내리기가 어렵다고 판단하고 좀 더 경과를 지켜보기로 했다.

　이후 내가 '드바시 신드롬'이 아니라는 걸 증명하는 사건이 일어났다. 엄마, 아빠가 건강한 두 동생을 낳은 것이다. 동생들은 나와 같은 병을 갖고 있지 않았다. 진단은 다시 원점으로 돌아갔다. 나는 정확한 병명을 알지 못해 아쉬웠다기보다는 건강한 동생들이 태어난 것에 더 깊이 안도했다.

그 후, 나는 열 세살이 되던 해에 텍사스 대학에서 에비마뉴 가그 (Abhimanyu Garg) 박사가 진행하는 유전학 연구에 참여하게 되었다. 엄마와 아빠는 알고 있는 모든 정보를 의사들에게 알려주었다. 하지만 의사들도 우리가 알고 있는 정보 외에는 새로운 사실들을 알아내지 못했다. 병의 원인도 치료법도 알 수 없다는 현실에 엄마와 아빠는 크게 실망할 수 밖에 없었다.

이때를 기점으로 우리는 내 병에 대처하는 대응방식을 바꾸기로 했다. 인간의 노력으로 어찌할 수 없는 일이라면 그냥 상황을 받아들이기로 한 것이다.

"유전학 전문가들이 리지의 병에 관해 연구를 시작했을 때 저는 전문가들이 제공하는 모든 자료를 읽어 보았어요. 이해하기 어려운 부분은 인터넷에서 찾아봤구요. 당시는 리지의 병에 대해 무척 두려워하고 있었어요. 그 이유는 아이가 얼마나 더 살 수 있을지, 성장하면서 어떤 일이 일어날지 아무것도 알 수가 없었기 때문이죠.

산더미처럼 쌓인 논문들을 읽고 또 읽었어요. 하지만 리지가 도대체 어떤 병에 걸린 건지 단서조차 찾을 수 없더군요. 결국 '내가 할 수 있는 일'부터 찾기로 했어요. 가장 먼저 '만약의 경우'를 생각하는 버릇부터 고치기로 했습니다.

이후 모든 서류와 논문을 치우고 이 문제를 하느님의 손에 맡기기로 하자 놀라울 정도로 마음이 가벼워지고 머리가 맑아지는 느낌이 들었어요. 또 어떤 일이 있어도 리지가 삶에서 일어나는 일들을 잘 극복할 거라는 믿음도 생겼고요.

현재 많은 의사들이 리지의 병을 연구하고 싶어해요. 하지만 저와 남편은 더 이상 리지가 의사들의 관찰 대상이 되는 걸 원하지 않아요. 이 점에 대해서는 리지도 똑같이 생각하고 있어요. 그래서 지금은 댈러스에 있는 한 명의 의사만 수년 동안 리지의 병을 연구하며 증상의 원인이 되는 유전자를 찾으려 하고 있어요."

리지의 엄마

가족은 물론이고 친척, 친구 등 나를 아끼는 사람들은 하루라도 빨리 병의 원인이 밝혀지길 기대하고 있다. 당연히 나도 마찬가지다. 하지만 병의 원인이 밝혀지지 않는다고 해도 실망하지 않을 것이다. 그보다 더 중요한 일들이 많기 때문이다.

어떤 사람은 병을 앓고 있다는 걸 숨기고 싶지 않느냐고 묻기도 한다. 하지만 그건 어리석은 행동일 뿐이다. 어차피 종일 음식을 먹어도 내 몸은 마찬가지일 테고, 세상에서 가장 마른 사람이라는 사실은 변하지 않을 것이다. 그럴 바엔 솔직하게 현재의 상황을 받아들이는 편이 현명하다고 생각한다.

그것보다 더 신경이 쓰이는 건 오히려 병을 둘러싼 근거 없는 추측들이다. 많은 사람들은 내가 거식증에 걸렸다느니, 부모님이 굶겼다느니 하면서 여러 가지 추측들을 내놓는다. 하지만 그건 전혀 사실이 아니다.

24살의 성인 여자가 초등학교 2학년의 몸무게를 갖고 있으니 그런 억측을 하는 것도 이해는 한다. 하지만 내 병이 거식증처럼 정신적인 문제와 관련되거나, 부모님의 인격에 관한 문제로 비화된다면 이야기는 달라진다. 나는 정신적으로 아무런 문제가 없고 부모님도 그런 터무니없는 오해를 살만한 이유가 전혀 없는 분들이다.

살이 찌지 않는다고 미움을 받거나 조롱을 당하는 것은 납득할 수 없는 일이다. 사람들이 나를 빤히 쳐다보고 손가락질을 하는 건 내가 감당할 운명이라고 생각하며 이해하고 넘길 수 있다. 하지만 비난과 조롱을 당연한 일로 여기는 것은 결코 받아들일 수 없다.

사람은 누구나 자신만의 고유한 개성을 갖고 태어난다. 얼굴 생김새와 목소리 높낮이까지 모두가 다르다. 심지어 일란성 쌍둥이조차 개성이 다르다고 한다. 중요한 건 서로가 다르다는 사실이 아니다. 진짜 중요한 문제는 그 차이를 너무 확대해서 바라본다는 점이다. 나는 특히 그런 시선에 심한 거부감을 느낀다. 사람들과 외모가 다르다고 해서 지적능력 등이 열등할 거라고 단정하는 사람, 그런 사람들의 오해를 받아들일 수 없다.

심지어 보기 흉한 외모 때문에 어릴 때부터 사랑받지 못했을 것이다. 그래서 삐뚤어지고 모난 성격일 거라고 말하는 사람도 있다. 나는 그런 글들을 읽고 충격을 받아 한동안 아무 말도 하지 못했다. 그들의 생각은 사실과 완전히 다르며 나를 사랑하고 아끼는 내 가족과 친척, 친구들까지 모욕하는 것이다.

주변 사람들은 예전에도 그랬고 지금도 나에게 변함없이 사랑을 주고 있다. 여러 번 말했듯이, 그들 덕분에 나는 악의에 찬 사람들의 비난으로 생긴 마음의 상처를 치유할 수 있었고 살아갈 용기와 희망을 얻을 수 있었다.

나를 비난하는 사람들이 만약 이 책을 읽게 된다면 적어도 내 주변 사람들에 대해서는 다시 판단해 주길 소망한다. 모든 사람들이 나를 좋아할 순 없다. 그렇다고 해서 무턱대고 나를 비난하거나 공격하는 일은 결코 정당하지 않다.

가족과 친척들은 그렇다고 해도, 학교에서 만난 친구들과 나와 인연이 닿는 사람들이 나를 사랑하고 격려해 주는 데에는 이유가 있다. 그들과 나 사이에는 차이점도 존재하지만 공통점이 더 많기 때문이다. 잘 모르는 사람들은 나를 평범한 사람으로 받아들이려하지 않는다. 그들조차 내가 자신들과 다를 바 없이 똑같은 사람이라는 걸 알면서도 인정하려 하지 않는 것이다.

사실 누구든 편견이나 선입견을 가질 수 있다. 그래서 그들 모두를 설득하려는 시도는 소모적인 논쟁에 지나지 않을 뿐이다. 나는 그것을 친구들을 통해 알게 되었다. 친구들은 항상 다른 사람이 인정하든 안 하든, 너는 소중하고 가치 있는 사람이며 존중 받아야 할 인격체라고 말한다.

이런 말을 들을 때마다 다른 사람들의 말에 신경을 쓰지 않으려고 한다. 또 인생의 목표를 세우는 것에 집중하려고 한다. 이런 시도는 예상보다 훨씬 더 좋은 효과를 가져왔다. 이전보다 더 정신적으로 안정되고 행복감을 느끼면서 생활할 수 있게 된 것이다.

때때로 사람들은 나를 만만하게 본다. 몸도 허약하고 늘 다른 사람의 도움이 필요한 것처럼 보이기 때문이다. 하지만 그들은 내가 전국을 돌아다니면서 수많은 10대 청소년들과 이야기를 나누는 걸 보면 태도를 바꾼다.

나는 미국의 '투데이 쇼', '인사이드 에디션'에 출연해서 시청자들에게 많은 이야기를 들려주었다. 또 오스트레일리아의 '선데이 나잇', 독일의 'X프로시브', '닥터 드루'와 같은 TV 쇼에도 출연했다.

이를 목격한 사람들은 예상이 완전히 빗나갔음을 깨닫고 놀라워한다.

나는 대중들 앞에 설 수 있는 활동을 아주 좋아한다. 이런 활동을 할 때마다 인생의 목표에 한 발짝 더 다가갔음을 느낀다. 어떤 사람은 강연을 하거나 TV에 출연하는 걸 두고 묻는다. 유명세를 타고 싶고 이름을 알리고 싶어서가 아니냐고. 그렇게 보일 수도 있음을 충분히 이해한다. 하지만 나는 그런 활동이 내 인생에 주어진 사명이고, 또 누군가를 도울 수 있는 나만의 방법이라고 생각한다.

사람들 앞에 모습을 드러내는 활동은 나 자신에게도 도움이 된다. 이는 자신의 모습을 있는 그대로 받아들이는 것이 얼마나 중요한지 깨닫게 한다. 청중들 앞에 서면 그런 이야기를 효과적으로 전달할 수 있어서 더욱 좋다. 사람들은 TV를 통해 내 모습을 보면서, 자신을 있는 그대로 인정한다는 것이 얼마나 어려운 일인지 새삼 깨닫는다. 그리고 그런 깨달음은 마음의 안정을 가져온다는 사실을 실감한다.

만약 내가 나를 받아들이지 못하고 계속 부정했더라면 어떻게 되었을까. 아마도 사람들 앞에 설 수 있는 기회조차 얻지 못했을 것이다. 나는 그런 사실을 잘 알고 있기 때문에 기회가 될 때마다 사람들에게 자신을 부정하지 말라고 강조한다. 자신을 사랑하지 않는 사람은 다른 사람에게 사랑받을 수도 없고 줄 수도 없다.

나는 인생을 아주 오래 살아왔고 인생 경험이 풍부한 사람은 아니다. 하지만 어릴 때부터 보통사람들은 경험하기 어려운 험난한 길을 걸어왔다. 너무 힘에 겨울 때면 서러움이 복받쳐 폭포수처럼 눈물을 쏟아내기도 했다. 하지만 지금은 모든 것이 안정되고 제자리를 찾은 듯하다.

그래서 나는 하느님이 늘 나와 함께 하고 계시다는 것을 확신한다. 그분에 대한 믿음은 무엇보다 소중하고 나에게 절대적인 영향을 준다. 그렇다고 해서 독자들에게 나의 믿음을 강요하려는 생각은 없다.

다만 진심을 털어놓고자 할 때 하느님을 빼놓고 이야기하기가 쉽지 않다는 점을 이해해 주었으면 한다. 그분은 내 인생에서 가장 소중한 존재라서 하느님이 포함되지 않는 내 이야기는 아무런 감흥도 없고 시시한 이야기에 지나지 않기 때문이다.

사람은 누구나 나처럼 마음만 먹으면 삶의 진정한 목적을 깨달을 수 있다. 하느님은 세상 모든 사람들을 위한 계획을 갖고 계신다. 하느님께 자신의 삶을 온전히 맡기면 누구든 이 세상에 태어난 이유와 목적을 발견하게 될 것이다.

더 이상은 희망이 남아 있지 않을 거라고 생각하던 시절, 지금처럼 행복해지리라곤 상상조차 하지 못했다. 물론 지금도 역시 모든

것이 완벽한 건 아니다. 살아가면서 다른 사람의 시선에 완전히 무
감각해지는 날도 오지 않을 것이다. 하지만 더 중요한 건 주어진 운
명을 기꺼이 받아들이면서 삶을 알아가는 것이다.

내가 행복을 느끼는 또 다른 비결은 하느님께서 부여하신 나만의
삶의 소명을 알고 받아들였기 때문이다. 내가 걸어온 길은 결코 평
탄하지 않았다. 하지만 그 길은 하느님이 인도해 주신 길이기에 아
쉬움도 없다. 짧다면 짧은 인생에서 나는 많은 것을 깨달을 수 있었
고 더 많은 사람들과 그것을 공유하고 싶다.

엄마의 일기_

1991년 2월 26일

염색체 연구 전문가들이 너를 보고 싶다는 연락을 해 왔어. 엄마와 아
빠는 새로운 정보를 알 수 있지 않을까 해서 그들을 만나보려고 한단다.
물론 너를 실험대상으로 만들진 않을 거야. 검사를 하거나 주사를 놓는
일도 없을 거고.

리지야, 네가 이 일기를 읽을 만큼 성장하면, 지금 엄마, 아빠의 마음
을 헤아릴 수 있을 거야. 네가 어떤 상태가 되더라도 우린 온전히 너를
받아들이고 보살필 거야.

생각 나누기

1. 어려운 일을 겪고 있을 때 다른 사람에게 자주 조언을 구하는가?
2. 스트레스를 받을 때 어떤 방식으로 해소하는가?
3. 자신의 직감을 믿는가?
4. 어떤 일에 대해 오랫동안 알아보고 결국은 해답을 찾은 적이 있는가?

리지의 제안

사람들은 살아가면서 누구나 스트레스를 받는다. 하지만 그것이 지나치면 정신과 육체, 그리고 영혼에 부정적인 영향을 미친다. 나는 삶이 고단하다고 느껴질 때마다 기도와 명상으로 감정을 추스른다. 명상을 자주하는 이유는 평정심을 되찾을 수 있고 마음의 고통을 줄이는 데 도움이 되기 때문이다.

눈을 감고 호흡을 천천히 깊게 하면서 떠오르는 이미지를 따라가 보자. 머릿속에서 끊임없이 솟아나오는 생각들을 차분히 정리하고 그것을 솔직히 받아들이는 연습을 해 보자. 그러다 그 순간이 편하게 느껴지면 명상하는 시간을 조금씩 늘려보자. 자존감을 높이고 스트레스를 줄이는 데 아주 효과적이다.

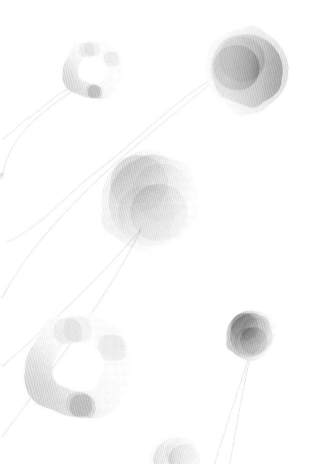

사람은 누구나 열정을 갖고 있다. 그리고 때로는 다른 사람을 통해 자신의 열정을 발견하기도 한다. 만약 영혼을 고무시키고 영감을 주는 사람이 있다면 그 사람에게 감사해야 한다.

알버트 슈바이처(Albert Schweitzer)

나를 살게 하는
세 가지, 3F

다른 사람들도 그렇겠지만 나의 삶은 정말로 녹록치가 않다. '건강한 신체'를 갖지 못한 나는 지금도 비난과 조롱을 받으면서 살고 있다. 그런 나에게도 불리함을 극복할 수 있게 하는 특별한 선물이 있다. 그것은 모두 첫 글자가 F로 시작한다. 첫 번째는 나를 사랑하고 지지해 주는 '친구들(Friends)', 두 번째는 언제나 내 옆에 있어준 '가족(Family)'이다. 그리고 마지막 세 번째는 내가 어디를 가든 함께 하는 '믿음(Faith)'이다. 나는 공휴일이면 친척들과 함께 모이는 걸 좋아했고, 그 시간 동안은 항상 행복할 수 있었다.

언뜻 생각하기엔 별 일 아닌 것 같지만 안부를 물어오는 친구들의 간단한 문자 한 통도 기분을 나아지게 한다. 친구들은 내가 하소연을 하면 들어주거나 기대고 울 수 있도록 늘 옆에서 내 손을 잡아준다. 이렇게 가족과 친구들 때문에 나는 최악의 상황에서도 감사하는 마음을 가질 수 있었다. 이들은 내가 세상에 태어나서 받은 가장 큰 선물이다.

살면서 힘이 솟아나는 순간이 있다. 주변 사람들이 나를 보면서 천사 같다고 말할 때다. 누구라도 그런 말을 들으면 감동을 받을 것이다. 물론 가끔씩은 내가 그런 말을 들을 정도로 가치 있는 사람일까, 하고 생각할 때도 있다.

내 눈에는 사람들의 목숨을 구하는 소방관이나 경찰관, 군인들이 더 천사처럼 보이기 때문이다. 하지만 또 어느 순간엔 내가 하느님의 전령이고, 그분의 말씀을 널리 전하는 임무를 맡았다고 생각하며 사명감을 느낄 때도 있다. 그렇게 생각하면 천사란 말이 어색하게 느껴지지 않는다. 그런 임무가 주어진 것을 가볍게 생각할 수 없다. 얼마나 큰 책임이 따르는지 잘 알고 있기 때문이다.

나는 태어날 때부터 신앙생활을 해왔다. 솔직히 고백하면 어릴 때는 잘 모르고 그냥 성당에 다녔다고 하는 게 맞을 것이다. 하지만 나이를 먹을수록 하느님을 더욱 사랑하게 되었고 그분의 말씀을 자세히 배우고 싶다는 생각을 하게 되었다.

하느님이 나에게 신호를 보내는 걸 느낀 적도 자주 있다. 그 중에서 가장 기억에 남는 것은 열다섯 살이 되던 생일날에 겪었던 일이다. 그날 나는 친구들과 해마다 열리는 견진 수련회를 갔다. 처음엔 휴대폰까지 압수를 당해 따분한 주말이 될 거라고 생각했지만, 첫 번째 기도 시간 이후부터 흥미가 생기기 시작했다. 전체적으로 수련회 기간 동안을 알차게 보낼 수 있었던 이유는 마치 하느님이 특별히 나를 그 장소에 부르신 것 같다는 생각이 들었기 때문이다.

예상과 달리 수련회가 충실해진 이유는 내가 처음으로 청중들 앞에서 이야기를 할 수 있었기 때문이다. 무엇이든 처음 경험하는 일은 떨리기 마련이지만, 그때 나는 두려움보다는 기쁨과 흥분, 환희를 느꼈다. 그리고 그날 이후로 나는 강연가의 꿈을 꾸게 되었다.

솔직히 말해 이전에는 주일날이면 일찍 일어나기도 싫었고 이유도 없이 우울했다. 하지만 수련회 이후, 성당에 가서 찬양과 경배를 하고 나면 기분이 완전히 바뀌는 것을 느낄 수 있었다. 또한 일주일 동안 살아갈 에너지가 충전되는 느낌을 느끼게 되었다. 이렇게 신앙생활은 내 삶에서 중요한 부분으로 자리를 잡아갔다.

그리고 점차 나에 대한 하느님의 계획과 삶의 목적을 알아가면서, 나는 어려움과 두려움을 극복하는 힘을 얻을 수 있었다. 또한 하느님이 계획하신 길을 걷고 있다는 사실을 확인할 때마다 보람과 기쁨을 느낄 수 있었다. 나는 엄마 뱃속에서부터 지금까지 하느님의 도움 없이는 생존할 수 없었다. 이제 나는 세상의 빛이 되어 그 도움에 부응하려고 한다.

엄마는 하느님이 고난을 주셨지만 거기엔 이유가 있을 거라고 말씀하신다. 또 언제나 내가 사랑받고 있다는 걸 기억하라고 강조하신다. 나는 그 말을 들을 때마다 따뜻하고 지혜로운 엄마를 허락하신 하느님께 감사드린다. 언젠가 아이를 낳게 되면 나도 좋은 엄마가 되고 싶다.

솔직히 고백하면, 나는 꽤 오랜 세월 동안 왜 이토록 큰 시련을 겪어야 하는지 불평하며 살아왔다. 물론 내 곁에는 나를 응원해 주는 가족과 친구들이 있지만, 가끔씩 밀물처럼 밀려드는 좌절감은 감당하기엔 역부족일 정도로 컸다.

사람들은 드러내 놓고 나를 외계인처럼 취급했다. 아무리 화장을 하고 새 옷을 입어도 사람들의 태도는 변하지 않았다. 인터넷에서는 만나본 적도 없는 사람들이 나를 공격하고, 그때마다 나는 상처를 받고 깊은 절망에 빠져 헤어나지 못했다. 아무리 생각해도 사람들의 조롱을 피할 길이 없어 보였다. 사람들의 따가운 시선과 악성 댓글, 악성 이메일들은 그렇게 면도날처럼 내 가슴에 생채기를 냈다. 나는 영원히 아물지 않을 것 같은 상처를 부여잡고 그저 고통을 견뎌야만 했다.

심지어 하느님마저 나를 외면하고 있다는 생각이 들 때면 모든 걸 포기하고 싶다는 생각마저 들었다. 낮과 밤을 가리지 않고 기도를 했지만 상황은 나아질 기미조차 보이지 않았다. 나는 하느님이 아무런 도움도 주지 않는 것에 크게 실망했다. 신앙이 없는 사람이라면 상관없겠지만, 어릴 때부터 성당을 다니며 신앙생활을 해온 내가 느낀 실망감은 견딜 수 없을 만큼 컸다.

나는 외로움과 두려움, 슬픔, 그리고 이유없는 죄책감에 시달려야 했고, 살아야 할 이유를 심각하게 고민하기 시작했다. 하지만 그때마다 가족들은 사랑과 격려로 나에게 용기를 북돋아주었다. 죄책감이나 피해의식을 갖지 않게 하려고 내가 얼마나 사랑받고 있는지 일깨워주곤 했다.

나는 살아가는 데 필요한 지혜를 부모님에게 배웠다. 엄마와 아빠는 나에게 가장 필요한 것은 사랑이라는 걸 알고 계셨다. 그리고 사람들이 아무리 무례하게 행동해도 그들을 애정으로 대하라고 가르쳐주셨다. 이는 어떤 사건을 계기로 더욱 절실히 깨닫게 된 일이다.

사건은 지극히 평범한 일상에서 일어났다. 어느 날 저녁, 가족과 함께 오랜만에 영화를 보러 갔을 때, 영화관엔 많은 사람들이 모여 있었다. 사람들이 모두 나를 쳐다본 건 아니었지만 어김없이 한 무리의 사람들이 나를 가리키며 수군거렸다. 나는 애써 그들을 외면하려고 했지만 신경이 쓰이는 건 어쩔 수 없었다. 그러던 어느 순간 아빠가 그들에게 곧장 다가가더니 언쟁을 벌였다. 엄마와 나는 놀랐지만 너무 순간적으로 일어난 일이라 말릴 틈도 없었다.

아빠는 한 무리의 사람들에게 중요한 한 마디를 던지고 돌아왔다. '당신들을 위해 기도할 거요.'라고 한 것이다. 또 못된 짓을 하는 사람들을 위해 기도하는 게 진정한 신앙인이며, 잘못된 행동은 다른 사람에게 상처를 줄 수 있다는 걸 알려줬다고 한다. 아빠의 행동은 돌발적이기도 했고 무모해 보였지만 나는 그날 아빠에게 큰 감동을 받았다. 이날 나는 큰 깨달음을 얻게 되었고 나에게 상처를 준 모든 사람을 용서하기로 마음먹었다.

'다른 사람을 용서하지 않으면 나의 미래도 있을 수 없다.'

용서란 사람에 대한 분노와 복수심을 내려놓는 것이다. 나는 영화관에서 돌아와 유튜브에 악성 댓글을 달았던 모든 사람을 용서하고 그들을 위해 기도했다. 사실 생각해 보면 그들이 나를 모르는 것처럼 나 역시 그들을 모른다. 그 사람들이 한두 번 잘못된 행동을 했다고 해서 나도 똑같이 섣불리 판단하거나 미워하는 어리석은 행동을 해서는 안 될 일이다.

나는 그 사람들 역시 하느님의 자녀이고 내가 알지 못하는 장점을 갖고 있을 거라고 생각했다. 생각이 거기에 미치자 나는 진심으로 용서할 수 있게 힘을 달라고 기도했다. 마음 속에 미움과 증오를 담아둔 채 더 나은 미래를 꿈꿀 수는 없는 일이었다.

다행히도 하느님께서 내 기도에 응답해 주셨는지, 나는 청중들 앞에서 강연할 기회를 얻게 되었고 청중들로부터 열렬한 응원과 격려를 받을 수 있었다. 따뜻한 응원과 호응 속에서 나는 점차 마음의 여유를 찾아갔고 소중한 추억들을 만들어갈 수 있었다.

여러 장소에 강연을 다니면서 많은 일들이 있었지만 기억에 남는 인상적인 일이 하나 있다. 어느 초등학교에서 강언을 하던 중, 3학년 아이가 나에게 유튜브에 동영상을 올린 사람들을 용서했느냐고 물었다. 나는 질문에 놀라 잠시 멈칫했다. 사실 그때까지 한 번도 그런 질문을 받아본 적이 없었기 때문이다.

하지만 나는 곧 그들을 용서했다고 담담하게 말했고, 그렇게 할 수 있어서 다행이라고 말해 주었다. 만약 그들을 용서하지 않았더라면 나는 이 자리에 설 수 없었고 과거의 망령에 사로잡혀 두려움과 증오에 떨면서 살고 있었을 것이다. 마음속에 적개심을 품고 살기에 삶은 나에게 너무나 소중한 기회다. 내가 그들을 용서했을 때 내 마음에도 마침내 평화가 찾아왔다.

그렇다고 해서 동영상 사건에 대한 기억 자체가 지워진 것은 아니다. 나는 여전히 그 사건을 또렷이 기억하고 있으며 당시에 받았던 충격도 생생하다. 하지만 분노와 복수심, 부정적인 감정들은 더 이상 내 안에 남아 있지 않다.

나는 그들이 왜 그렇게 악의적인 행동을 하는지 알 수 없다. 하지만 아빠가 극장에서 했던 것처럼 나도 그들을 위해 기도를 했다. 그리고 지금은 마음의 여유를 되찾게 되었고 그런 점에 무한한 감사를 느낀다. 이렇듯 하느님의 특별한 도움이 없었더라면, 여전히 나는 다른 사람과 나 자신을 괴롭히면서 고통 속에서 살고 있을 것이다.

다른 사람 때문에 고통을 받아본 사람은 그 경험을 통해 이해심이 많고 친절한 사람이 될 수 있다. 나는 한 번도 마주친 적이 없는 수많은 사람들로부터 비난과 조롱을 받고 마음에 상처를 받았다. 그렇다고 내가 받은 상처와 고통을 그들에게 똑같이 되돌려주고 싶지는 않다. 나는 매일 하느님으로부터 용서를 받고 있으며, 그렇기에 다른 사람에 대해서도 똑같이 용서해야 할 의무를 갖고 있다.

사람들이 갖고 있는 분노와 복수심을 내려놓게 만드는 것, 그것은 나에게 주어진 또 하나의 사명이다. 용서하지 못하는 사람은 평생 치유할 수 없는 상처를 부여잡고 그 자리에서 앞으로 나아가지 못한다. 사람은 누구나 어떤 모습으로 살 것인지 스스로 결정할 수 있다. 내가 그랬듯이 다른 사람들도 자신의 인생을 선택할 수 있다. 나는 '세상에서 제일 못생긴 여자'로 살 것인지 '나다운 것이 아름답다'를 쓴 작가처럼 살 것인지를 선택해야 했다. 그리고 나는 후자를 선택하기로 했다.

상처를 준 사람을 용서하는 것을 단순히 선택의 문제라고 치부할 수도 있다. 하지만 사랑으로 충만한 삶을 살고자 하는 사람에게 용서는 반드시 필요하다.

나는 그 사람들에게 아무런 피해를 주지 않았다. 그런데도 그들은 이메일, 웹사이트, 동영상 등으로 나에게 견딜 수 없는 수모를 안겼다. 한 번의 비난이나 조롱을 넘어 끊임없이 반복함으로써 내 인격을 말살하려 했다. 나 역시 분노하면서 마음에 적개심과 복수심을 키워갔다. 하지만 그런 마음이 커질수록 내 자신은 더욱 비참해졌고 더는 견딜 수가 없었다.

사실 그들을 용서하지 못하는 근본적인 이유는 나에게 있었다. 내 외모에 대한 콤플렉스가 가장 큰 원인이었다.

앞에서 언급했듯이 자신을 있는 그대로 받아들이고 사랑할 수 있을 때, 비로소 마음의 고통을 치유하고 새로운 삶을 살 수 있다. 지금 나에게 가장 필요한 것도 외모에 대한 열등감과 피해의식을 극복하는 일이다.

이를 말뿐이 아닌 실제 행동으로 옮기기 위해, 나는 다른 사람의 비난이나 모욕에 부정적으로 반응하지 않기로 했다. 그런 악순환이 반복되는 한 외모에 대한 불만은 언제든지 다시 불거질 수 있기 때문이다. 그렇게 되면 어렵게 되찾은 자신감과 용기마저 잃어버릴 것이다.

어떤 문제가 생겼을 때, 상대방에게 책임을 전가하기보다는 자신이 할 수 있는 최선이 무엇인지를 찾는 것이 더 좋은 결과를 가져온다. 나는 악의적인 사람들이 퍼붓는 잔인한 말들이 내 외모 때문이라는 걸 잘 알고 있다. 현재로서는 그 사람들과 외모가 비슷해질 수 있는 방법도 없다.

이런 상황에서 내가 해야 할 일이 무엇이겠는가. 상대방의 태도를 비판하거나 바꾸려하지 않고 자제력을 발휘하면서 평정심을 유지하는 것뿐이다. 그것만이 상황을 더 좋은 방향으로 이끌 수 있다. 내 안에서 일어나는 동요를 스스로 이겨낼 수 있을 때 다른 사람도 안정시킬 수 있을 것이다.

용서하는 것도 어려운 일이고 용서를 구하는 것도 쉬운 일이 아니다. 나는 오랫동안 내 자신을 피해자라고 여기며 살아왔다. 또 누군가에게 용서를 구할 일은 하지 않을 거라고 생각하면서 살아왔다. 하지만 인생을 살면서 나 역시 여러 가지 실수를 하게 되고 다른 사람으로부터 용서를 받아야 했다.

다른 사람으로부터 용서를 받기 위해서는 먼저 용서를 구할 수 있어야 한다. 그렇다면 용서를 구할 때 어떻게 하는 것이 좋을까? 먼저 상황을 솔직히 돌아봐야 한다. 그런 다음 무슨 일이 일어났고 누구에게 상처를 줬는지 생각해 봐야 한다. 이때 중요한 건 누구라도 의도하지 않은 실수를 범할 수 있기 때문에 자신을 비난할 필요는 없다.

다음으로 고려할 사항은 어떤 말과 행동으로 상처를 줬는지 돌아봐야 한다. 만약 용서를 받고 싶다면 상대방에게 어떻게 말할 것인지도 생각해야 한다. 중요한 것은 절대로 변명을 해서는 안 되고, 그저 미안하다고 사과하는 것만으로 충분하다. 거기에 실수를 되돌리고 싶다고 말하면 훨씬 효과적이다.

용서를 하는 건 전적으로 상대방의 몫이므로 억지로 용서를 받아낼 순 없다. 용서를 받기 위해 할 수 있는 일을 다 했다면 상대방에게 생각할 시간을 주어야 한다. 만약 용서를 받지 못하더라도 화를 내거나 태도를 바꿔서는 안 된다. 그렇게 하면 용서라는 큰 선물을 받을 수 없게 된다.

어떤 일에 죄책감을 느낄 때도 그런 감정이 생긴 원인이 무엇인지 이유를 정확히 알아야 한다. 그런 다음 그 상황을 극복할 수 있는 방법을 찾아야 한다. 누군가에게 용서를 받고 싶다면 먼저 누군가를 용서하라. 그것은 자신에게, 용서를 받을 자격을 부여하는 것과 같다.

엄마의 일기_

1991년 2월 7일

네가 갑자기 울면서 무섭다고 말하기 시작했어. 내가 널 안아주자 기분이 나아지는 것 같았어. 그때 니키를 너와 한 침대에 나란히 눕혔단다. 너희들은 서로 안아주면서 웃고 얘기했어. 그런 다음 네가 추위를 느꼈는지 니키에게 '안아줘, 니키.'라고 말했는데, 너희 둘은 서로를 꼭 안아주었단다.

생각 나누기

1. 하느님에 대한 믿음을 갖고 있다면 얼마나 자주 기도하는가?
2. 삶이 가져다주는 축복과 선물을 생각해 본 적이 있는가?
3. 작은 일에도 감사하는 사람은 더 많은 복을 받을 수 있다.
   지금 가장 감사하게 생각하는 것은 무엇인가?

리지의 제안

　살아가면서 누구나 어려움을 겪게 되고 고비를 넘기는 방법도 다르다. 나는 가족과 친구들, 그리고 신앙의 힘으로 어려움을 이겨낼 수 있었다. 이들은 마음의 고통을 진심으로 이해해 주고 따뜻한 위로와 조언을 해 준다. 또 내가 주눅이 들거나 움츠러들 때도 항상 용기를 북돋아준다. 악의로 가득 찬 사람들은 동정이라며 깎아내렸지만 가족과 친구들은 항상 사랑으로 나를 지지하고 격려해 주었다. 그래서 나는 따뜻한 마음이 담긴 응원이 어떤 것인지 알고 있다. 이를 강연과 저술활동에서 내가 받은 위로와 사랑의 힘이 얼마나 위대한지 전하고 싶다. 여러분 역시 자신을 보호해 주는 특별한 무언가를 선물로 받았을 것이다. 그것이 무엇인지 깊이 생각해 보고 자신만의 방패로 삼기 바란다.

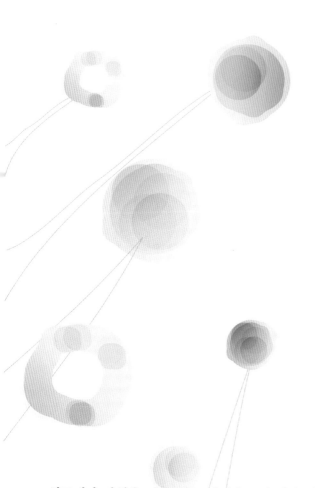

외모에만 관심을 갖고 있는 사람은 꿈속에서 사는 것과 같다. 반대로 내면에 관심을 두는 사람은 늘 깨어 있는 사람이다.

칼 융(Carl Jung)

스스로 나를 돌보다

죄책감과 분노, 열등감을 극복하는 가장 좋은 방법은 자신을 사랑하는 것이다. 나는 내 자신을 사랑할 수 있게 되었을 때 비로소 인생의 목적을 발견할 수 있었다.

자신의 소명을 찾는다는 건 복잡한 수학 공식을 푸는 것처럼 어려운 일이 아니다. 자신이 중요하게 생각하는 것이 무엇인지 고민하면서, 이를 위해 시간을 어떻게 쓸 것인지를 결정하는 일부터 시작하면 된다. 물론 이에 대한 답이 옳은지 그른지는 진지하게 생각해 봐야 한다. 자신이 내린 선택에 대해서는 스스로 책임져야 하기에….

사람에 따라 삶의 목적을 찾는 시기가 늦어질 수 있다. 그때까지는 모든 가능성을 열어두고 열린마음을 갖도록 하자. 나 역시 소명을 찾아가는 과정에서 열린마음의 중요성을 확인할 수 있었다.

태어나서 처음으로 삶의 목적을 생각하게 된 결정적인 계기가 있었다. 고등학생들에게 내 이야기를 들려주면 좋겠다는 요청이 들어왔을 때다. 강연 요청을 받았을 때는 놀랍기도 했지만 한편으론 부끄럽기도 했다. 그래서 처음엔 제안을 거절할 수 밖에 없었다. 그때까지 낯선 사람들 앞에서 내 이야기를 들려준다는 생각을 한 번도 해 본 적이 없어서 두려움이 앞선 것이다. 사람들 앞에 선 내 모습을 쉽게 상상할 수 없었다. 하지만 수차례 강연 제의가 들어왔을 때 고민을 거듭한 후에 요청을 수락하기로 했다. 주변 사람들도 나의 결정을 격려해 주었다.

강연하기 전날 밤, 컴퓨터 앞에 앉아 어떤 이야기를 청중들에게 들려줄지 곰곰이 생각해 보았다. 청중들에게, 주어진 인생을 최선을 다해 살아야 하고 그건 의무이자 권리라고 말해 주고 싶었다. 여기까지 말을 하고 나면 신앙에 대해서도 언급해야겠다는 생각이 들었다. 하느님은 나에게 너무나 중요한 의미를 갖고 있기에 그 이야기도 빼놓을 수 없었다.

강연의 주제와 내용을 결정하자 문장이 술술 흘러나왔다. 강연할 내용도 순식간에 작성할 수 있었다. 하지만 막상 당일이 다가오자 몹시 불안했다. 내 외모와 목소리가 걱정되었다. 사람들이 내 이야기를 들어줄까? 강연장을 박차고 나가지는 않을까? 온갖 생각들이 떠올라 정신을 차릴 수 없었다. 심지어 내가 강연을 수락했다는 사실조차 믿기지 않았다.

하지만 강연시간은 예정대로 찾아왔고 사회자가 내 이름을 불렀을 때 학생들은 모두 박수로 맞아주었다. 나는 400여 명의 학생들 앞에 서자 미리 써간 강연문을 내려다보는 것도 잊은 채, 가는 곳마다 사람들의 수군거림을 들어야 하고 외톨이처럼 겉도는 느낌이 어떤 것인지에 대해 이야기했다.

심장은 쿵쾅거렸고 머릿속은 아득했다. 하지만 최대한 진심을 담아 이야기했고 청중들도 내 말에 호응해 주었다. 청중들은 숨을 죽인 채 나를 응시했고, 때로는 이해한다는 식으로 고개를 끄덕이기도 했다. 깔깔거리거나 박장대소하는 사람도 있었다.

강연이 모두 끝난 후, 놀랍게도 사람들은 자리에서 일어나 큰 박수를 보내주었다. 내 가슴은 뿌듯함으로 가득 찼고 비로소 나에게 부여된 사명이 무엇인지 깨달을 수 있었다. 사람들에게 동기를 부여하는 강연가가 되는 것, 이것이 나에 대한 하느님의 계획이었다.

첫 강연을 마치고 지금까지 나는 지속적으로 강단에 서고 있다.

또한 청중들 앞에서 이야기할 때마다 하느님이 내게 삶을 허락하신 이유를 확인할 수 있다.

시간이 가는 줄도 모를 만큼 몰입할 수 있는 일이 있는가? 그렇다면 그 일이 바로 자신의 적성에 맞는 일일 수 있다. 필요한 건 모든 가능성에 대해 열린마음으로 대하는 자세이다. 할 수 있는 데도 불구하고 스스로 한계를 정하거나 망설인다면 열망하는 것을 손에 넣을 수 없다.

우리는 다른 사람의 성공과 실패를 끊임없이 목격한다. 성공하는 사람들을 살펴보면 자기확신이 매우 강하다는 것을 알 수 있다. 사람들은 자신의 재능과 적성에 맞는 일을 찾았을 때 자신감을 갖고 실행할 수 있다. 그러면 더욱 열정적으로 일을 할 수 있고 누구보다 먼저 성공을 거머쥐게 된다.

만약 자신에 대한 확신을 갖고 열정을 쏟을 수 있는 일을 찾았다면, 자신만의 수칙을 만들어두고 실행하면 더욱 좋다. 보통의 경우는 단체를 조직하거나 비즈니스를 시작할 때 그에 맞는 수칙이나 규칙을 정한다. 하지만 수칙이나 규칙은 비즈니스를 위해서만 필요한 것이 아니다. 목표를 충실하게 달성하고자 하는 사람에게도 반드시 필요하다.

나는 강연을 하면서부터 10대 청소년들을 만날 기회가 아주 많다. 당연한 말이지만 청소년들은 무한한 가능성을 갖고 있다. 청소년들은 다른 사람을 배려하는 사람으로 성장할 수도 있고 좋은 리더가 될 잠재력도 갖고 있다. 무엇보다 열정과 에너지가 넘친다. 하지만 청소년들은 자신들에게 그런 가능성이 잠재되어 있다는 사실을 잘 모른다.

나의 사명은 강연을 통해 청소년들이 갖고 있는 재능을 깨달을 수 있게 돕는 것이다. 나는 청소년들을 진심으로 칭찬하면서 잠재력을 이끌어내 활용할 수 있도록 돕고 있다. 이들도 성장하면 자신의 삶에 책임을 져야 하기 때문에, 자신이 가장 잘 할 수 있는 일이 무엇인지 명확히 알아야 한다.

또한 잠재력을 발휘하기 위해서는 자신이 가진 재능에 확신을 가져야 한다. 자신에 대한 확신과 믿음을 가질 때 타고난 소질과 재능도 빛을 발한다. 자신에 대한 확신이 없으면 좋은 기회가 와도 깨닫지 못하거나 지나쳐버릴 수 있다.

만약 자신에 대한 확신과 믿음을 갖고 있고 하고 싶은 일을 발견했다면, 그 일을 잘 할 수 있도록 세부 수칙을 만드는 것이 좋다. 나의 경우는 목표에 대한 나만의 수칙을 다음과 같이 만들었다.

하나, 사람들은 누구나 고유의 재능을 갖고 태어났다. 나는 사람들에게 재능을 현명하게 사용할 책임이 있다는 걸 깨달을 수 있도록 돕고 싶다.

둘, 내 강연을 듣고 사람들이 자신의 재능에 대해 깨닫는 것은 무척 기쁜 일이다. 성공과 실패에 대한 책임감을 갖는 자세도 중요하다. 내가 동기를 부여하면 그들도 나에게 삶의 의욕을 불러일으킨다.

셋, 세상에는 별의 수만큼이나 개성이 다른 사람들이 살고 있다. 나는 도움이 필요한 사람이라면 누구든지 돕고 싶다. 이를 위해 먼저 어떤 사람을 도울 것인지 결정할 것이다.

넷, 사람들에게 동기를 부여하기 위해서는 창의적인 생각과 문제 해결 능력을 갖춰야 한다. 또한 도움이 되는 것이라면 무엇이든 배우려고 하는 자세를 가져야 한다.

다섯, 소명을 알고 계획을 세우는 것도 중요하며 깨달은 것이 있을 때는 반드시 실천해야 한다. 그렇지 않으면 깨달음을 얻어도 아무런 쓸모가 없다. 신중히 계획을 세우되 반드시 실천하자. 행동으로 옮기지 않는 목표는 아무것도 아니다.

여섯, 위의 사항들을 꾸준히 이행하기 위해서는 신앙심을 갖는 것이 좋다. 이 부분은 내 수칙 중에서도 가장 중요한 부분이다. 왜냐하면 이 모든 것들은 정신의 성숙과 깊은 관련이 있기 때문이다.

"리지는 어릴 때부터 비키니 차림을 무척 좋아했어요. 리지가 처음 산 원피스 수영복은 라임색이었고 앞에는 지퍼가 달려 있었죠. 그 옷은 아주 작았지만 리지에게 딱 맞았어요. 저는 아직도 그 수영복을 입은 리지의 모습을 기억해요. 저는 수영복을 몸에 맞게 하려고 여러 번 바느질을 해야 했죠. 리지가 너무 말랐기 때문에 어디를 가나 시선을 끌 수 밖에 없었지만 리지는 전혀 개의치 않았어요. 그래서 비키니를 입는 것이 리지의 자존감을 높여줄 거라 생각했죠. 사람들이 리지를 보통사람들과 다를 바 없는 평범한 아이로 봐주길 원했어요. 하지만 사람들은 외모만 보고 아무런 이유도 없이 리지를 비난했죠. 내 아이라서가 아니라 얼마나 멋진 아이인지 알려고 했다면 결코 그러지 않을 텐데 말이에요."

리지의 엄마

나는 이렇게 나만의 수칙을 정해 두고 나 자신을 위해 끊임없이 동기를 부여했다. 또한 무언가를 열심히 실행하거나 작은 성과라도 내면 나 자신을 아낌없이 칭찬해 주려고 했다. 다른 사람에게 존중받고 싶다면 그 전에 자신을 먼저 존중해야 한다.

이런 과정들을 거치고 나서 지금의 내가 있을 수 있었고, 내가 터득한 노하우를 여러 사람들과 공유할 수 있었다. 머릿속으로 생각하는 건 쉬워도 실천하는 것은 쉽지 않다. 적절히 계획을 세우고 계획을 실행할 때 비로소 좋은 효과를 얻을 수 있다.

위의 수칙들을 참고로 해서 자신만의 수칙을 만드는 것도 좋은 방법이다. 무엇이든 처음부터 만들려고 하면 진척이 잘 안 되기 때문이다. 다만 수칙을 만드는 과정에서 반드시 염두에 둬야 할 점이 있다. 즉, 누구든 이 세상에 태어난 이유가 있다는 사실이다. 적절히 계획을 세우고 실행하면서 그 이유를 찾아가는 여정이 삶을 더욱 알차게 만들어줄 것이다.

사람은 세상에 태어나면 누구든 인간으로서 존엄성을 갖는다. 인간의 존엄성은 아무리 보잘것없는 사람이라도 똑같이 누려야 할 권리이다. 나는 태어날 때부터 희귀병을 앓고 있어서 사람들과 몹시 다른 외모를 하고 살아왔다. 그로 인해 견딜 수 없는 시련과 고통을 겪었지만, 지금은 어려움을 모두 이겨내고 인생의 사명을 다하고 있다. 이는 하느님과의 관계를 바로 세우고 그분에게 도움을 구하고, 내 자신에 대해 확신을 가질 수 있었기에 가능한 일이었다. 나의 경우를 다른 사람에게 똑같이 적용하기는 어려울지 모른다. 하지만 삶의 방향을 선택하고 원하는 방향으로 나아가려면, 세상에 태어난 이유를 고민해 봐야 하고 자신에게 재능이 잠재되어 있음을 믿어야 한다. 이런 과정을 거치면서 영혼과 정신이 성숙하고 삶의 목적을 찾을 수 있게 된다.

현대인들은 많은 지식을 습득하면서 문명의 발달을 이뤄냈다. 하지만 더 많이 배워도 세상에는 알 수 없는 현상들이 무수히 존재한다. 우리는 이런 상황에서도 자신의 자리를 찾아가야 한다. 우리 모두는 하나의 운명공동체로 연결되어 있으므로, 서로가 서로의 발전을 위해 도우면서 세상을 더 좋은 곳으로 만들어야 한다.

사람마다 바라보는 관점이 다르다는 사실을 받아들이고 인정하는 것도 중요하다. 삶의 질도 지금보다 더 나아지면 좋겠다. 또 사람들이 지금보다 더 가슴 뛰는 삶을 살았으면 좋겠다.

마지막으로 여기서 한 가지 힌트를 제공하려고 한다. 단 한 번의 성공이라도 어떤 목표를 달성해 본 적이 있다면, 그것이 자신에게 부여된 소명일 수 있다. 나처럼 말이다.

엄마의 일기_

1993년 11월 6일

시간이 걸리겠지만 언젠가는 네 병에 대해 알 수 있는 날이 올 거야. 엄마, 아빠는 그때까지 포기하지 않을 거란다. 항상 밝은 모습 잃지 말고 그날이 오길 함께 기도하자. 엄마는 그날이 반드시 올 거라고 믿는다. 사랑한다.

생각 나누기

1. 소명을 확인한다는 건 자신의 미래를 스스로 책임지겠다는 의지를 드러내는 것이다. 여러분은 살아가는 이유를 진지하게 생각해 본 적이 있는가?
2. 자신의 소명이 무엇인지, 삶의 목적이 무엇인지 생각해 본 적이 있는가?
3. 예전부터 하고 싶었지만 시도하지 못한 일이 있는가?
4. 자신의 외모 때문에 하려던 일을 포기한 적이 있는가?

리지의 제안

사람은 저마다 좋아하는 취미를 갖고 있다. 여가시간에 취미를 즐기면서 스트레스를 푸는 것은 삶의 질을 높이는 데 큰 도움이 된다. 취미생활은 자신을 배려하고 아끼는 일이기도 하다. 그러나 대부분의 사람들이 자신 앞에 놓인 일들에 급급한 나머지 취미생활을 하지 못한다.

마음에 여유와 안정을 주는 취미생활은 현대를 살아가는 사람들에게 꼭 필요한 일이다. 잠시나마 일상에서 벗어나 머리를 식히고 몰두할 수 있는 일을 찾아보자.

먼저, 마음을 안정되게 하고 행복하게 만드는 일들이 있으면 떠오르는 대로 종이에 적어보고, 그 중의 하나를 마음의 여유가 필요하다고 느낄 때 시도해 보라. 이런 취미생활은 자존감을 높여주고 마음에 안정과 여유를 가져다줌으로써 삶의 활력소가 될 것이다.

이는 자신을 사랑하는 또 다른 방법이다. 다른 사람의 시선을 의식하지 말고 자신을 사랑하자. 자신을 사랑하지 않으면 다른 사람에게 존중받을 수 없다. 다른 사람의 태도를 결정하는 것은 다른 누구도 아닌 바로 자신이다.

고통은 인간을 생각하게 만들고, 생각은 인간을 현명하게 만든다. 그리고 지혜는 인생을 견딜 만한 것으로 만든다.

패트릭(J. patrick)

어떻게 잘 웃을 수 있냐고?

아주 어릴 때부터 나는 잘 웃곤 했다. 이모는 그런 나에게 '햇살'이란 별명을 붙여주었다. 어떤 사람은 항상 웃음을 잃지 않는 나에게 기분 좋은 일이라도 생겼냐고 묻는다. 그럴 때면 나는 큰 소리로 "네!" 하고 대답한다.

웃음은 현실을 변화시키는 묘한 마력을 갖고 있다. 그래서 잘 웃는 사람에겐 즐거운 일이 자주 생긴다. 나는 그 말을 정말로 실감하곤 한다. 행복해지고 싶으면 거울을 보고 웃는 연습을 해 보자. 행복해서 웃는 게 아니라 웃으면 행복해진다는 사실을 알게 될 것이다.

아빠는 웃음의 위력을 누구보다 잘 아는 사람이다. 마치 코미디언처럼 주변 사람들을 잘 웃게 만들어 아빠 곁에는 웃음소리가 끊이지 않는다. 나도 아빠에게 유머 감각을 물려받은 덕분에 어려운 상황에서도 웃어넘기는 방법을 배울 수 있었다.

삶이 고단할 때 웃음을 잃지 않는다는 건 쉬운 일이 아니다. 사람은 누구나 어려운 상황에 놓일 수 있고 거기서 벗어나려고 노력한다. 하지만 자신이 마주한 상황에 너무 집착하면, 머릿속이 온통 그 생각으로 가득 차게 되고 자신도 모르게 얼굴에 수심이 깊어진다. 잘 웃으며 밝게 살고 싶다고 생각하는가? 그렇다면 근심이 가득한 표정부터 바꾸자. 행복은 미소를 짓는 사람에게 찾아온다.

알다시피 나 역시 늘 웃음을 달고 살았던 건 아니다. 오히려 다른 여자 애들처럼 예쁘지 못한 것에 대해 항상 많은 시간을 불평하면서 살았다. 보이지 않는 오른쪽 눈과 나날이 약해지는 체력 때문에 수도 없이 좌절감을 느꼈다. 하지만 그보다 더 끔찍했던 건 다른 사람들이 이유도 없이 나를 비난하고 미워한다는 사실이었다. 솔직히 말해 웃음을 잃지 않고 산다는 것이 가능이나 할까 싶을 정도로 좋지 않은 상황이 계속 되었다. 이런 상황은 내 안에 있는 모든 용기와 의지를 앗아가버릴 정도로 가혹했다.

그날도 여느 때와 다름없는 날이었다. 나는 기숙사에서 음악을 들으려고 유투브를 검색하고 있었다. 그런데 노래를 찾다가 어떤 동영상에서 낯익은 여자아이의 얼굴이 눈에 들어왔다. 소리가 나지 않는 8초 분량의 동영상이었다. 동영상을 클릭한 순간 나는 내 눈을 의심하지 않을 수 없었다. 그곳에는 어린 시절의 내가 있었다.

동영상에는 '세상에서 가장 못생긴 여자'라고 제목이 붙어 있었다. 재생수는 400만 회에 육박했고 밑에는 수천 개의 댓글이 주렁주렁 달려 있었다. 나는 소스라치게 놀랐고 이루 말할 수 없는 충격에 빠졌다. 마치 수많은 벽돌들이 내 머리 위로 와르르 쏟아지는 듯한 느낌이 들었다. 도무지 정신을 차릴 수가 없었다.

여기서 한 마디만 물어보고 싶다. 만약 전혀 알지도 못하는 사람이 인터넷에 여러분의 동영상을 올려놓고 세상에서 가장 못생긴 여자라고 한다면 어떤 기분이 들까?

그들은 내 외모에 대해 입에 담을 수도 없는 말들로 나를 모욕하고 있었다. 그리고 수많은 사람들이 그 동영상을 보며 즐거워하고 있었다. 눈물이 앞을 가려 글자를 제대로 읽을 수가 없었다. 하지만 나는 그 댓글들을 읽고 또 읽어내려 갔다. 그러면서 죽지 못해 산다는 말이 어떤 의미인지 뼈에 사무치게 느꼈다.

알지도 못하는 사람에 대해 어떻게 이토록 악의에 찬 글들을 쓸 수 있는지 지금도 여전히 이해할 수가 없다. 다른 사람들이 내 얼굴을 보면 역겨울 테니 머리에 가발 좀 쓰고 다니라는 말은 점잖은 편에 속했다. 그들은 부모에게 나처럼 못생긴 괴물이 뱃속에 있을 때 빨리 낙태를 하지 뭐했냐며 막말을 했다. 심지어 자살하는 방법을 조언해 주겠다고 말하는 사람도 있었다.

폭언도 그런 폭언이 없었다. 아무리 익명성이 보장되는 인터넷이라 할지라도, 그런 말을 서슴없이 하는 건 도저히 이해할 수 없었다. 그러고도 뒤돌아서는 누군가의 착한 아들, 착한 딸, 착한 친구 노릇을 할 거라고 생각하니 깊은 곳에서 역겨움이 솟아올라 왔다.

나는 기분에 따라 컨디션이 크게 달라지고 스트레스를 받으면 몸 상태가 나빠진다. 내가 부정적인 말을 귀담아 듣지 않으려고 애를 쓰는 이유도 그것 때문이다. 하지만 당시엔 몸을 추스릴 경황도 없었다. 그들의 말은 내 몸 전체를 먹구름으로 휘감았고 나는 숨도 쉴 수 없을 만큼 울고 또 울었다. 이런 모습으로 태어난 나를 원망하고 또 원망했다.

댓글을 단 사람들은 나를 공포영화에서나 나오는 괴물처럼 취급하고 있었다. 심지어 정신에도 이상이 있을 거라고 단정했다. 이런 모습으로 어떻게 살아야 할지, 그 어떤 방법도 찾을 길이 없을 것 같았다.

온몸이 얼어붙을 것 같던 그날 밤, 나는 가장 친한 친구를 붙잡고 하염없이 눈물을 흘리며 울었다. 그 동안 마음속 깊은 곳에 차곡차

곡 눌러왔던 서러움과 모멸감이 가슴속 밑바닥부터 솟구쳤다. 친구의 어깨가 흥건해지고 현기증이 일 때까지 눈물을 쏟아냈다.

친구도 한참 동안을 함께 울면서 묵묵히 내 말을 들어주었다. 그리고 절대로 일어나서는 안 되는 일이라며 나를 안아주며 위로했다. 내가 조금 진정이 되었을 즈음, 친구는 말 좀 들어달라고 하면서 말을 꺼냈다.

그날 나는 처음으로 친구와 아주 긴 대화를 나눴다. 대화 시간이 길어질수록 점차 공포와 분노에서 벗어나는 걸 느낄 수 있었다. 대화는 컴컴한 어둠 속에 비춰진 한 줄기 빛과 같았다. 나는 아무런 이득도 있을 수 없는 이 어둠의 상태에서 빨리 벗어나야 했다.

처음엔 어떻게 하면 그늘에게 벌을 줄 수 있을지 고민에 고민을 거듭했다. 내가 얼마나 상처를 받았는지 알게 하고 싶었고, 내가 받은 고통을 똑같이 되돌려주고 싶었다. 하지만 곧바로 그런 생각은 나에게도 도움이 되지 않는다는 걸 깨닫고 생각을 바꾸기로 마음먹었다. 문득 그들과 같은 사람이 되어서는 안 된다는 생각이 머리를 스쳤다.

나는 이 사건을 계기로 이전보다 훨씬 더 멋진 삶을 살기로 결심했다.

불행인지 다행인지 가족들은 동영상에 대해 아무것도 모르고 있었다. 그대로 묻어둘까 하는 생각도 해 봤지만 부모님께는 동영상에 대해 말씀드리는 게 옳다고 생각했다. 부모님도 마음 아파할 것을 알기에 선뜻 내키진 않았지만 가족들도 보호를 받아야 했다.

아니나 다를까, 부모님도 무척 놀라며 분노하셨고 나만큼이나 상처를 받았다. 하지만 곧 우리 가족은 사태를 수습하는 쪽으로 의견을 모았고, 엄마의 도움으로 한두 개의 동영상을 지울 수 있었다.

누구든 살아가면서 어려움을 겪기 마련이다. 그럴 때 부모님의 현명한 조언은 살아가는 데 큰 힘이 되고 위안이 된다. 목표를 정하면 이룰 때까지 절대로 포기하지 말라고, 아무리 어려운 일이 있더라도 끝까지 노력하면 해결책을 찾을 수 있다고, 부모님은 평소에 말씀하신다.

동영상 사건 이후로 나는 엄마, 아빠의 딸로 태어난 것을 더욱 감사하게 되었다. 지금은 더 자랑스러운 딸이 되려고 노력하고 있다.

크든 작든 정도의 차이는 있지만 사람은 누구든 고통스러운 상황에 놓일 수 있다. 이렇듯 시련을 겪으면서 인생의 무게를 견디며 살아간다. 이때 중요한 건 어려움에 부딪혔다는 사실이 아니라 어려움을 어떻게 극복할 것인가 하는 점이다.

나에게는 이런 어려움에 처했을 때 극복해 나가는 다섯 가지 방법이 있다.

첫째, 고통에 초점을 맞추려고 하지 않는다.

아빠는 실컷 울어도 되지만 그 다음엔 긍정적인 방향으로 생각을 바꾸는 것이 좋다고 말씀하신다. 부정적인 생각에 사로잡히면 어려움을 이겨낼 수 없기 때문이다.

둘째, 사람들과 더 활발히 소통하고 어울리려고 한다.

아빠는 사람들에게 받은 상처는 사람들을 통해 치유하는 것이 가장 좋다고 생각하신다. 내 생각도 다르지 않다. 특히 좋아하는 사람들과 어울리면 용기를 얻게 된다. 사람들과 어울리면서 함께 하다 보면 세상에는 나를 비난하는 사람들만 있는 것이 아니라는 사실을 확인할 수 있다.

셋째, 웃을 수 있는 일을 찾는다.

웃음은 스트레스 호르몬 분비를 억제하고 엔도르핀 분비를 촉진한다. 엔도르핀은 고통을 줄여주고 의욕을 북돋아주는 호르몬이다. 이 호르몬이 활발하게 분비되면 그만큼 활력이 넘쳐 활동적인 생활을 할 수 있다.

긴장된 상태에서 웃을 수 있다는 건 쉬운 일이 아니다. 하지만 억지로라도 웃으려고 노력하면 스트레스를 줄일 수 있고, 그 일로 인해 생길 수 있는 나쁜 영향을 예방할 수 있다. 나는 재미있는 일이 일어나서 그 상황이 저절로 바뀌기만을 기다리지 않고 웃으려고 노력한다. 그렇게 하고 나면 어떤 어려움을 겪더라도 웃으려고 시도했다는 것 자체가 나를 즐겁게 한다.

넷째, 모든 문제를 혼자서 감당하려고 하지 않는다.

정말로 힘든 일이 있다면 사려깊고 현명한 사람을 찾아가서 도움을 청하라고 얘기하고 싶다. 조언해 줄 사람이 있다면 찾아가서 듣기에 거슬리는 말이라도 들어봐야 한다. 나에게 훌륭한 부모님이 있는 것처럼 대부분의 사람들도 자신의 말에 귀를 기울여줄 한 사람쯤은 있을 것이다. 만약 부모님에게 조언을 듣기가 꺼려진다면, 선생님이나 친척, 혹은 친구의 부모님이라도 찾아가보라. 그런 다음, 자신의 이야기를 들어줄 수 있는지 물어보라. 주변 사람들에게 이렇게 먼저 손을 내밀면 기꺼이 여러분의 손을 잡아줄 것이다.

마음 같아서는 나에게 조언이나 위로를 받고 싶은 사람들을 모두 만나고 싶다. 하지만 현실적으로 불가능한 일이기에 나는 그 사람들을 위해 매일 밤 기도를 한다. 세상 모든 사람들이 조건없이 서로를 사랑하고 신뢰할 수 있게 해 달라고….

우리는 하느님으로부터 '삶'이라는 특별한 선물을 받았다. 그건 우리가 하나라는 것을 의미한다. 지금 당장은 눈에 보이지 않더라도 자신을 아껴줄 사람이 어딘가에 있다는 믿음을 갖길 바란다.

다섯 째, 늘 감사하는 마음을 가지려고 한다.

자신이 불행하다고 느끼는 사람에겐 무척 어려운 일이라는 걸 잘 알고 있다. 하지만 주위를 둘러보면 감사해야 할 일들이 정말로 많다는 걸 알 수 있다. 다만 그걸 발견하지 못하고 지나칠 뿐이다. 지금보다 더 나빠진 상황도 언제든지 올 수 있다. 그러니 그렇지 않다는 것에 감사하고 지금의 상황에 감사할 수 있어야 한다. 그런 마음을 갖는다면 불행에서 한 걸음 멀어질 것이다.

좋지 않은 일을 경험하게 되었을 때, 왜 그런 일이 일어나는지 명확히 알 수 있는 방법은 없다. 또 그런 일이 일어나는 것에 어떤 목적이 있는지도 알 수 없다. 하지만 한 가지 분명한 사실은 우리가 살아가면서 경험하는 모든 일에는 반드시 이유가 있다는 점이다.

또한 어려운 문제를 해결하고자 한다면 냉정하게 자신을 들여다볼 줄 알아야 한다. 자신을 냉정하게 들여다볼 수 있는 용기를 갖는다면 어떤 문제라도 해결을 위한 실마리를 찾아낼 수 있다.

나는 고통스러운 일을 겪을 때마다 내가 누구인지에 대해 더 알려고 노력했다. 그 과정에서 문제에 대처하는 방법도 알게 되었다. 만약 나에게 아무런 문제가 없었더라면 침대에 누운 채로 세월을 흘려보냈을지 모른다.

또한 모든 문제에는 우리가 깨달아야 할 메시지가 담겨 있다. 이 말은 문제 자체보다는 문제에 대응하는 자세가 더 중요하다는 것을 의미한다. 곰곰이 생각하고 고민해야 해결할 수 있는 문제를 방치해 둔다면 문제는 해결되지 않을 것이다.

가령 누군가가 크게 화를 내거나 땅이 꺼지게 한숨을 내쉬고 있다고 가정해 보자. 이때 내가 해 줄 수 있는 조언은 좌절은 금물이라는 것이다. 다른 사람을 비난하는 것도 문제해결에 아무런 도움이 되지 않는다.

지금, 너무 힘들고 고통스러운가? 현실을 외면하고 싶은가? 현실을 외면한다고 문제가 해결될까? 아니라고 생각한다. 상황은 오히려 더 악화될 것이다. 만약 상황이 더 악화되는 걸 방지하고 문제를 해결하고자 한다면 어떻게 해야 할까. 현재의 상황을 있는 그대로 받아들이는 것이 좋다. 단 상황을 있는 그대로 받아들인다 하더라도 자신을 비난하거나 자존감을 잃어서는 안 된다. 그런 다음, 적절한 계획을 세워 실행할 때 어려운 문제를 이겨낼 수 있다.

아무런 문제도 없이 평탄하게 살아갈 수 없듯이 아무런 노력도 하지 않고 삶이 편해지길 기대할 수는 없다.

나 역시 모진 가시밭길을 헤치고 나왔을 때, 비로소 평탄한 길을 만날 수 있었다.

나는 견딜 수 없을 만큼 힘에 겨울 때 신의 의지를 믿음으로써,

삶이 아름다운 참된 의미를 깨닫고 삶의 목적을 발견할 수 있었다. 또 하느님이 나를 지극히 사랑하신다는 것을 믿었기에 내 삶도 완전히 변화시킬 수 있었다.

어느 누구도 고통 속에서 살아가도록 정해진 채로 태어나지 않는다. 내가 크리스천이기 때문에 하느님의 은혜에 대해 자주 언급하는 것은 사실이다. 하지만 크리스천이 아닌 사람에게도 자연과 문명의 혜택은 똑같이 주어진다.

우리는 지구라는 한 장소에서 자연이 주는 온갖 혜택들을 함께 누리면서 살아간다. 또한 지속적인 발전과 성장의 기회를 보장받고 삶을 영위한다. 이는 모든 사람이 축복과 기쁨 속에서 살아갈 권리가 있음을 의미한다.

또한 사람은 누구나 자유의지를 갖고 있다. 인간의 힘으로 어찌할 수 없는 일도 존재하지만, 어떤 마음가짐으로 살아갈지를 결정하는 것은 우리 자신의 선택에 달려 있다. 나는 슬픔과 분노, 좌절 속에서 살아가는 대신, 내 의지로 용기와 자부심, 감사함으로 사는 길을 선택했다.

누구나 자신의 삶을 선택할 '권리'가 있다는 말은, 우리 자신에게 현실을 창조해 갈 능력이 있음을 의미한다. 다른 사람이 여러분의 인생을 결정하고 단정하는 것을 단호히 거부할 수 있어야 한다.

여러분은 누군가가 감히 폄훼하거나 훼손할 수 없는 존엄성을 갖고 있으며 사랑받을 가치 있는 존재이다.

엄마의 일기_

1993년 9월 17일

하느님은 너에게 많은 시련을 주셨어. 하지만 사랑하는 리지야, 거기엔 다 이유가 있단다. 엄마는 하느님이 너를 항상 지켜주신다는 걸 알게 하려고, 너에게 시련을 주신 거라고 생각해. 태어날 때부터 너는 기적이었고 앞으로도 많은 일을 할 거야. 언제나 사랑받고 있다는 걸 잊지 말거라.

생각 나누기

1. 어려움에 처했을 때 자신만의 방법으로 대응하는가? 그리고 그것은 근본적인 해결책이 되었는가?
2. 다른 사람이 고민거리를 들고 찾아왔을 때, 그 사람에게 고민을 해결할 수 있는 방법을 조언해 줄 수 있는가?

리지의 제안

사람들은 흔히 고통을 부정적인 것으로만 생각한다. 하지만 조금 더 깊이 생각해 보면 고통이 반드시 불필요한 것만은 아니라는 사실을 알 수 있다. 정신적으로 성숙한 사람들은 고통을 이겨내는 과정에서 깨달음을 얻고 자신을 되돌아보는 기회로 삼는다.

마리 앙투아네트는 악녀로 유명한 왕비로 프랑스 혁명 당시에 단두대에서 처형된 인물이다. 그녀는 자신의 깨달음을 측근들에게 보내는 편지에 이렇게 썼다. "사람은 극한의 상황에 처했을 때 비로소 자신이 누구인지 알게 된다."

죄책감이나 분노, 복수심은 고통을 이겨내는 데 아무런 도움이 되지 않는다. 아무리 고통스러워도 자신을 믿고 사랑할 때 문제를 해결하는 방법을 찾을 수 있다.

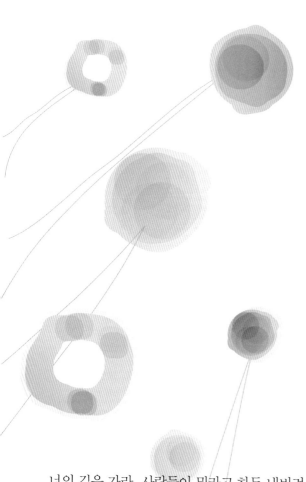

너의 길을 가라. 사람들이 뭐라고 하든 내버려 둬라.

단테(A. Dante)

열한 번째 이야기

나를 키우는 방법

고등학교 때 나는 최초로 나만의 수칙을 만들었다. 하지만 좀 더 구체적이고 실제적인 삶의 목표를 세울 필요성이 느껴졌다. 물론 그 목표들을 이루는 데까지는 상당히 오랜 시간이 걸렸다. 나는 지금 한 가지를 제외하고는 원하는 바를 대부분 다 이뤘다. 그때 세웠던 목표는 이렇다.

첫째, 동기부여 강연가가 되겠다.

둘째, 내 인생에 관한 책을 쓰겠다.

셋째, 대학을 졸업한다.

넷째, 가정을 이룬다.

24살인 지금 나는 5년차 강연가이며 작년엔 대학을 졸업했다. 지금 이 책은 두 번째로 쓰는 책이다. 가정을 이루는 걸 제외하면 고등학교 때 세운 목표들을 다 이룬 셈이다. 하지만 나는 여기서 만족하지 않으려고 내 자신을 다그친다.

네 가지 목표 중에서 세 개나 이뤘다면 엄청난 성공이라고 생각할 수도 있다. 누구나 자신이 계획하는 것들을 다 이룰 수 있는 건 아니니까. 그렇기에 나에게 주어진 행운이 얼마나 감사할 일인지 잘 알고 있다. 하지만 이 목표들은 몇 가지 계획일 뿐이며 나에게는 좀 더 근본적이고 구체적인 삶의 목표가 있다. 개인적인 욕심이 아니라 내가 받은 사랑과 축복을 다른 사람들과 공유하고 싶기 때문이다.

나는 오랜 시간 동안, 내가 최종적으로 달성하고 싶어 하는 목표가 무엇인지에 대해 고민했다. 그리고 그 목표들을 어떻게 이룰 것인지 구체적으로 생각해 보았다. 결론은 '작은 것부터 착실하게 이뤄나가야 한다.'는 것이었다. 크고 위대한 목표라도 사소한 것부터 실천하는 습관을 들여두는 것이 좋다. 내 목표는 다음과 같다.

하나, 이번 주에 달성하고 싶은 세 가지 목표는 무엇인가?

둘, 올해 말까지 달성하고 싶은 세 가지 목표는 무엇인가?

셋, 특별한 의미가 있는 날까지 달성하고 싶은 세 가지 목표는 무엇인가?

먼저 이렇게 세 가지의 질문을 정했다. 그리고 이 질문들을 토대로 구체적인 계획을 세워나갔다. 또한 이 계획들을 바탕으로 내년에 달성하고 싶은 목표들까지 생각해 보았다.

어떻게 보면 지극히 소박하고 평범한 질문들이다. 하지만 질문들에 하나하나 대답할 때마다 하루를 보다 의미있게 보낼 수 있었다. 또한 작은 일을 한 가지씩 실천할 때마다 목표에 한 발 더 다가가고 있음을 확신할 수 있었다.

원하는 걸 얻으려면 작은 것부터 착실하게 실천하는 것이 가장 좋은 방법이다. 나는 경험을 통해서 잘 알고 있다. 그리고 목표가 정해지면 지켜야 할 수칙들을 자세히 만들어 둔다.

첫째, 목표를 적는다.

둘째, 목표를 달성하기 위해 어떤 단계가 필요한지 살펴본다. 예를 들어 강의를 들어야 할지, 자료를 조사하고 읽어야 할지 적는다.

셋째, 위의 단계를 다시 나눈다. 목표를 달성하기 위해 수업을 들어야 한다면. 강의는 언제 어디서 열리고 수강료는 얼마인지 확인한다. 또 자료를 찾기 위해 도서관에 가야 하는지 확인한다. 이런식으로 하위 단계들을 정한다.

넷째, 필요할 경우, 세세하게 단계를 나눈다.

다섯째, 시간표를 만든다. 미루는 습관이 있다면 각 단계들마다 마감시한을 정해 두는 것이 좋다. 목표를 적은 옆에 괄호를 치고 종료일을 적는다. 미루는 타입이 아니더라도 목표를 완전히 달성할 날을 정해 두면 좋다. 마감일을 정해 두면 목표를 이루는 데 자극이 된다.

한 가지 요령을 덧붙이자면 가까운 친구와 이 계획을 공유하는 것이다. 나는 이루고 싶은 목표를 목록으로 작성한 뒤에 룸메이트와 공유했다. 룸메이트와 매일 아침에 하루 동안 해야 할 일들을 적었다. 그리고 그날 할 일을 다 마치면 1점을 주는 식의 점수제도를 활용했다. 5점이 모아지면 자신에게 상을 주었는데, 둘 다 타코를 아주 좋아했기 때문에 그 상은 주로 먹는 것으로 대신했다.

자신이 어려운 여건에서 살고 있다고 생각될 땐 유난히 의지가 약해지는 날이 있다. 내 경험을 예로 들면, 그런 날은 친구와 함께 하루를 알차게 보내려고 노력하는 것이 좋다. 혼자보다는 둘이 함께 하는 것이 동기부여에 훨씬 더 효과적이다.

우리는 살면서 때때로 '무엇 때문에 살지?'라는 본질적인 질문 앞에서 무기력해질 때가 있다. 나는 그때마다 목표를 모두 달성한 순간을 미리 상상해 본다. 누구나 자신이 원하는 것을 얻으면 기쁨과 보람을 느끼기에, 그 순간의 기분을 되도록 자주 떠올리면서 마음을 다잡는 것이다. 이것은 슬럼프를 극복하는 좋은 방법이기도 하다.

또는 목표를 달성해 가는 과정에서 겪었던 여러 난관들을 성공적으로 극복했던 기억을 떠올려보는 것도 좋다. 힘들어도 포기하지 않고 노력할 때 원하는 목표에 좀 더 빨리 다가간다. 이렇게 하는 사람들은 자신에 대한 확신과 자신감을 갖고 있다. 좋은 결과는 거저 얻어지지 않는다. 꾸준히 실력을 쌓고 자신을 통제할 줄 아는 사람만이 원하는 목표를 이룰 수 있다.

우울하거나 실패할까봐 두려운가? 그렇다면 목표를 달성한 날에 당신이 얼마나 행복해 할지 상상해 보라. 아마도 그런 생각만으로도 힘이 솟아날 것이다.

그 순간을 머릿속에 그려보면 대부분의 사람들은 자신도 모르게 입가에 미소를 띤다. 자신이 이룬 것을 주위 사람들에게 이야기할 때 얼마나 자랑스럽겠는가. 이런 순간들을 미리 느껴 보는 것도 목표 달성에 도움이 되므로, 가능하면 자주 그런 느낌들을 떠올려보는 것이 좋다. 이렇듯 매사를 긍정적으로 생각하는 사람에겐 걸맞은 좋은 일이 생기는 법이다.

강연을 시작한 이후로 나는 많은 사람들에게 질문을 받는다. 하지만 내가 책을 쓸 때는 반대로 독자들에게 이런 질문을 하고 싶다. 무엇을 원하는지, 어디로 떠나고 싶은지, 삶이 변하기를 원하는지….

삶을 바꾸고 싶은가? 그렇다면 지금 자신이 어떤 노력을 하고 있는지 생각해 보자. 그리고 삶을 변화시키기 위해 여러 가지 방법을 모색하는 시간을 가져보자.

나는 약점을 극복하기 위해 두 가지 도구를 사용했다. 그것은 나의 장점을 적은 목록과 직접 세운 수칙들이다. 결과는 아주 만족스러웠다. 목록에 적어 둔 장점들은 나 자신을 더욱 좋은 사람으로 느끼게 해 준다. 무엇이 되었든 자신이 가진 능력과 재능을 새롭게 활용할 방안을 떠올리면 자신을 더 아끼고 사랑할 수 있다. 특별한 이유도 없이 위축되거나 어딘가 부족하다고 느껴진다면 자신이 갖고 있는 장점들을 떠올려보자. 자신을 이해하고 사랑하는 데 도움이 될 것이다.

모든 일이 그렇듯 자존감을 높이는 데에는 시간이 필요하다. 자존감을 높이고자 할 때 가장 효과적인 방법은 자신의 장점을 반복해서 떠올려보는 것이다. 내 경우는 성경구절을 떠올리면서 자존감을 높였다. 그것은 '하느님이 당신의 형상, 곧 하느님의 형상대로 사람을 창조하시되'라는 구절이다.

나뿐만이 아니라 우리 모두 하느님의 형상대로 만들어졌다. 인간이 하느님의 형상대로 만들어졌다는 말씀은 성서에 기록되어 있다.

나는 그 말씀을 추호도 의심하지 않고 그 말에서 용기를 얻으려고
한다.

용기를 잃지 말고 자신을 사랑하라. 그 상태를 유지할 수 있다면
그것만으로도 많은 것을 성취할 수 있다. 말처럼 쉽게 되지 않을 때
도 있겠지만 그렇다고 실망할 필요는 없다. 가능하면 아예 '실망'이
라는 단어를 머릿속에서 지워버려라. 지금 가장 중요한 건 목표에
집중하는 것이다.

한때 나는 갖지 못한 것을 얻으려고 간절히 갈망한 적이 있었다.
다른 사람들처럼 정상적이고 예쁜 얼굴을 갖게 되길 빌었다. 하지
만 지금은 아니다. 나는 '예쁜 사람'보다는 '마음이 따뜻한 사람'이
세상에 훨씬 더 도움이 된다는 걸 알고 있다.

나는 예쁜 사람이 될 순 없어도 좋은 사람이 될 순 있다. 내가 이
런 사실을 깨달았을 때 잃어버렸던 자존감과 자신감을 회복할 수
있었다. 그리고 그 과정은 나에게 경이로운 일이었다. 지금도 나는
좋은 사람, 따뜻한 사람이 되려는 목표를 향해 달려가고 있다.

어떤 문제가 생겼을 때 혼자만의 힘으로 통제하기 어려울 때가
있을 것이다. 그럴 때는 홀로 남겨진 것처럼 슬픔에 잠기는가. 세
상으로부터 공정한 대우를 받지 못해 억울하다고 생각되는가. 그럴

때 나는 그 원인을 생각하면서, 자신에게 이 모든 상황을 바로잡을 수 있는 힘이 있다면 얼마나 좋을까를 갈망한다.

불행히도 예전의 나에겐 그런 힘이 없었다. 그렇기 때문에 불합리한 상황을 바로잡을 수 없다는 사실에 좌절했다. 하지만 항상 불행하고 우울하게 사는 모습을 당연한 것으로 받아들일 수는 없었다. 여기까지 생각이 미쳤을 때, 나는 조용히 자리에 앉아 종이에 질문들을 써내려 갔다.

종이에는 내가 살아오면서 궁금해 하던 내용들을 하나하나 적었다. 질문을 다 작성한 후, 나는 아주 진지하게 답을 달았다. 그리고는 빼곡히 적힌 질문과 답변들을 들여다 보면서, 지난 일들은 되돌릴 수 없다는 아주 평범하고도 중요한 진리를 깨달을 수 있었다. 상황을 바꾸려면 내가 변하는 수 밖에 없었다.

물론 쉬운 일은 아니다. 하지만 가슴 아픈 기억들을 헤집으면서 그 속에서 조금이라도 긍정적인 면을 찾아내려고 했다. 그것은 꼭 필요한 일이었다. 아무리 힘들어도 밝고 긍정적인 면에 초점을 맞추면 어려운 상황을 극복하기가 한결 수월해진다. 내가 활용한 이 방법에 흥미를 느낀다면 여러분들도 바로 시도해 보라고 권하고 싶다.

나처럼 하고 싶다면 글쓰기가 편한 장소로 가서 아래에 제시한 질문들을 읽어보고, 마지막으로 신중하게 답을 적어보자. 이때만큼은 휴대폰이나 텔레비전, 컴퓨터를 전부 꺼두는 것이 좋다. 이 질문들에는 정답이 있는 것이 아니다. 그저 자신에게 맞는 답인지 틀린 답인지 가려내면 된다. 여기서 맞는 답이란 솔직한 대답을 말한다.

· 세상으로부터 뒤처지고 홀로 떨어져 있다는 기분이 들 때가 있는가? 이유는 무엇인가?

· 인정받지 못한다는 기분이 들 때는 어느 때인가?

· 가족이나 친구들과 말다툼한 기억을 떠올려보라. 피할 수는 없었는가?

· 불행해질까봐 두렵다면 그 이유는 무엇인가?

· 지금도 여전히 자신을 괴롭히는 오래된 기억이나 상처가 있다면, 한 가지만 말해 보자. 과거에 묻어두고 잊어버릴 수는 없는가?

· 마음을 터놓고 모든 이야기를 할 수 있는 신뢰하는 사람이 있는가?

· 학교에서 어려움을 겪고 있다면 그 이유는 무엇인가?

· 해야 할 일을 미룬 적이 있는가?

· 보는 사람이 목표를 갖고 있다고 믿는가?

· 오늘 하루 동안의 삶을 어떻게 바꾸고 싶은가? 다음 주는? 내년에는?

· 여러분에게 완벽한 날은 어떤 날인가?

· 어려움에 처하게 만든 사람이 있다면 세 명만 적어보자.

· 문제가 생기면 자신을 탓하는가?

위의 질문들이 까다롭게 느껴질 수 있을 것이다. 하지만 솔직하게 적은 답들은 아주 중요한 의미를 갖는다.

우리는 자신이 겪는 어려움이 다른 사람에게 더 책임이 있다고 생각하는 경향이 있다. 하지만 그런 생각은 문제해결에 도움이 되지 않는다. 진정으로 문제를 해결하고 싶다면, 자신의 상황과 마찬가지로 상대방의 입장과 심정도 충분히 고려해야 한다. 그래야만 문제를 정확히 파악하고 해결할 수 있다.

아무리 힘들고 어려운 상황이라도 이것만은 반드시 기억하자. 상황을 바꿀 수 있는 사람은 자신뿐이라는 것을, 또한 상황을 더 악화시키는 사람도 자기 자신이라는 것을. 내 자신이 변했을 때 나를 둘러싼 상황도 변한다. 이 말은 보편적인 법칙이라고 생각한다.

스스로 자신의 인생을 선택하지 못한 사람은 생각보다 훨씬 괴로운 삶을 살아간다. 사람은 누구나 자유의지를 갖고 있고 그것을 사용할 권리도 주어졌다. 하지만 안타깝게도 제대로 사용하지 못하는 사람들이 너무 많다. 그런 경우 사람들은 누구나 본능적으로 불만과 답답함을 느낀다.

나는 살면서 고통스러운 일을 겪는 것이 반드시 나쁜 일만은 아니라는 걸 깨달을 수 있었다. 힘겨운 시련을 잘 이겨내면 더 지혜로워진 자신을 만날 수 있다. 지혜롭다는 건 상황을 정확히 파악할 줄 알고 이치에 맞게 문제를 해결하는 능력을 갖췄다는 뜻이다.

이렇게 할 수 있게 되려면 자신에 대해서도 정확히 알려고 노력해야 한다. 그런 사람만이 상황을 바르게 파악하는 지혜를 얻을 수 있다. 그 다음으로 문제의 원인이 무엇인지 정확히 파악하려고 시도해야 한다.

우리는 살아가면서 해결하기 어려운 문제에 자주 부딪힌다. 하지만 견딜 수 없는 고난과 역경 속에서도 문제를 해결할 수 있다는 자신감을 잃지 말아야 한다. 문제를 해결할 수 있는 잠재력이 자기 안에 내제되어 있다는 확신을 가져야 한다. 그런 후 구체적으로 계획을 세우고 실천하면 반드시 상황을 반전시킬 수 있다.

자기 삶의 주체는 자기 자신이라는 생각으로 피하지 말고 당당하게 맞서보자. 분명 자신 안에 감춰져 있는 위대한 힘을 느끼게 될 것이다.

엄마의 일기_

1991년 2월 26일

염색체 연구 전문가들이 너를 보고 싶다는 연락을 해 왔어. 엄마와 아빠는 새로운 정보를 알 수 있지 않을까 해서 그들을 만나보려고 한단다. 물론 너를 실험대상으로 만들진 않을 거야. 검사를 하거나 주사를 놓는 일도 없을 거고.

리지야, 네가 이 일기를 읽을 만큼 성장하면, 지금 엄마, 아빠의 마음을 헤아릴 수 있을 거야. 네가 어떤 상태가 되더라도 우린 온전히 너를 받아들이고 보살필 거야.

생각 나누기

1. 앞서 언급한 질문들의 답이 삶을 변화시킬 수 있다고 생각하는가?

2. 해결할 수 있는 일이 아니라고 생각했지만 변화시킬 수 있는

   일이었다는 걸 나중에 깨달은 경험이 있는가?

3. 살아가면서 겪는 시련이 하느님의 뜻과 관련이 있다고 생각하는가?

리지의 제안

　고통스러운 상황에서 자신을 되돌아본다는 건 무척 어려운 일이다. 고통 속에서 긍정적인 면을 찾아낸다는 것은 더욱 어려운 일이다. 하지만 자신의 처지를 비관하기만 한다면 상황을 변화시킬 수 없다. 어느 누구도 자신을 대신할 순 없다.

　무언가 잘못되었다고 느껴지면 상황을 객관적으로 파악하려고 노력하자. 이때 중요한 건 자신에 대한 믿음과 용기를 잃지 않는 것이다.

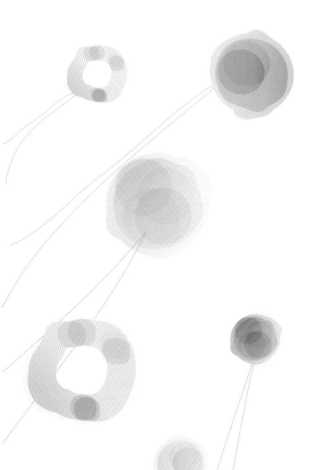

자유롭게 날 수 있는 그날은 아직 오지 않았습니다. 내 날개가 강해지는 그날까지 인내심을 발휘할 수 있도록 방법을 가르쳐주십시오.

수 몽크 키드(Sue Monk Kidd),
마음이 기다릴 때(When the HeartWaits)

열두 번째 이야기

고치를 벗고

당연한 말이지만 원한다고 모든 걸 다 얻을 수 있는 것은 아니다. 아무리 노력해도 원하는 걸 얻지 못하는 경우가 더 많다. 삶에서는 그것을 흔하게 경험할 수 있다. 어떤 사람은 '안 돼'라는 부정적인 단어가 최악이라고 생각할지 모르지만 세상에는 그보다 더 불행한 일들이 넘쳐난다. 주위를 조금만 둘러봐도 자신보다 더 힘들고 고통스러워하는 사람들이 많다는 걸 알 수 있다. 막대한 부와 명예, 권력을 가진 사람들도 온갖 예기치 못한 불행에서 예외일 수는 없다.

나는 태어날 때부터 신체적으로 심각한 문제를 안고 있었다. 보통사람들도 누구나 크든 작든 문제를 갖고 있지만 내 경우는 문제가 좀 더 심각하다. 내 외모는 보통사람들과 매우 달라서 어디를 가더라도 사람들의 따가운 시선을 받는다.

24살, 내가 살아온 세월은 그다지 긴 시간이 아니다. 그래서 내가 인생에 관한 이야기를 한다고 하면 대수롭지 않게 여긴다. 그럼에도 불구하고 내가 삶에 대해 이야기할 수 있는 이유가 거기에 있다. 나는 보통사람이라면 견디기 어려운 혹독한 시련을 겪어봤고, 그 시련을 통해 행복하게 살아가는 방법을 깨달을 수 있었다.

어린 시절부터 겪어야 했던 지독한 편견은 지금도 마음을 아프게 한다. 철이 들면서 각오는 했지만 사람들의 편견 때문에 내가 받은 고통은 상상했던 것보다 훨씬 컸다. 지독한 편견들은 때때로 모든 걸 내려놓고 삶을 포기하고 싶게 만들 정도로 혹독했다.

그러나 시련은 또한 내 안에 있던 아주 특별한 재능을 이끌어내기도 했다. 다름 아닌 다른 사람의 고통이나 외로움에 더 공감할 수 있게 된 것이다. 특히 조롱을 받거나 괴롭힘을 당할 때 대처하는 방법을 누구보다 잘 알게 되었고, 나와 비슷한 시련을 겪고 있는 사람들을 보면 돕고 싶어진다.

물론 현재도 나는 여전히 치명적인 약점을 짊어지고 살아가고 있다. 지금 내가 이룬 모든 것들이 하루아침에 무너지거나, 그 동안의 노력이 모두 수포로 돌아가는 일이 벌어질지도 모른다. 하지만 아무리 힘겨운 상황이 닥쳐도 굴복하지 않을 자신이 있다. 아니, 절대로 굴복할 수 없다. 시련에 굴복하지 않으려는 의지만이 내가 하는 일을 할 수 있도록 힘을 주기 때문이다.

나는 다시 청중들 앞에 설 수 없거나 방송에 출현하지 못할 수도 있다. 그렇게 된다고 해도 실망하지 않을 것이다. 하느님이 나를 귀하게 쓰실 거라는 사실을 잘 알고 있기 때문이다. 지금 하고 있는 모든 일을 못하게 되더라도, 나는 하느님께서 또 다른 길을 마련해 주실 거라고 믿는다.

현실에 순응하면서 살아가는 사람들도 얼마든지 좌절을 경험한다. 이로 인한 실망감은 원망을 낳고 원망은 다시 신에게로 향할 수 있다. 예전의 나 역시 하루하루가 실망의 연속이었다. 견딜 수 없이 힘겨운 상황에 처했을 때 나는 슬퍼하고 좌절하면서 신을 원망했다.

이렇듯 감당하기 어려운 시련 앞에 놓이면 누구든 감사하는 마음을 갖기가 어려워진다. 동시에 자신에 대한 믿음은 사라지고 피해의식과 열등감만 커진다. 그러면서 삶을 비관하고 세상을 원망하는 악순환에 빠진다.

원하지 않는 상황, 피하고 싶은 상황, 뜻밖의 어려움에 직면했을 때 기억해야 할 일이 있다. 좌절과 원망은 자신에게 아무런 도움이 되지 않는다. 실패했다는 사실에 집착하는 것도 마찬가지다. 불평할 수는 있겠지만 거기서 앞으로 나아가지 못하면 시련을 통해 삶을 더 나은 상태로 변화시킬 수 없다.

나는 평범한 여자 애들과 결코 같아질 수 없고 바꿀 수도 없다. 하지만 하느님은 내가 약점을 극복할 수 있도록 방법을 알려주셨다. 내가 그 방법을 받아들이면 하느님은 더 좋은 선물을 주실 거라고 믿었다. 그리고 그것은 현실이 되었다.

하느님은 특정한 사람을 위해서만이 아닌 세상의 모든 사람들을 위해 계획을 갖고 계신다. 우리는 그저 있는 그대로 자신을 받아들이고 사랑하면 된다. 그렇게 할 때 하느님의 계획을 훨씬 더 쉽게 실현할 수 있다. 하느님의 계획대로 살아간다는 건 어려운 일이 아니다. 자신을 사랑하고 자존감을 갖는 것이다. 자신을 믿고 자신을 사랑하면 된다.

자신에 대한 믿음이 강한 사람들에게는 공통점이 있다.

첫째, 자신에 대한 믿음이 강한 사람은 자존감이 높고 자신을 좋아한다.

'나 자신을 사랑하는가? 그 이유는 무엇인가?' 이런 질문을 자주 던져보자. 이런 질문을 던지고 대답하는 습관을 들이는 것이 자존감을 높여준다. 반대로 자신을 사랑하지 않는 경우도 있다. 자신을 사랑하지 않는다면, 왜 그런지 생각해 보자. 내 경험으로는 고칠 수 없는 심각한 단점을 갖고 있기 때문이어서 그럴 수 있다. 하지만 극복하기 어려울 듯한 단점도 이겨낼 수 있는 방법은 얼마든지 있다. 나는 내가 잘 할 수 있는 일들을 목록으로 적어 하나하나 실천해 나갔다. 단점을 극복하는 데 있어서 무척 효과적이었다.

둘째, 자신에 대한 믿음이 강한 사람은 솔직하게 자신의 장점과 단점을 평가한다.

자신의 장단점에 대해 생각해 보고, 그것이 무엇이 되었든 각각 세 가지씩을 적어보자. 그리고 그 단점들이 좋은 쪽으로 변했는지, 아니면 변하지 않고 그대로 남아 있는지 확인해 보자. 만약 변하지 않았다면 단점을 극복할 수 있는 방법을 고민해 보자. 그런 다음 단계별로 할 수 있는 행동들을 목록으로 적어보자. 다소 귀찮을 수 있지만 이 방법을 활용하면 훨씬 더 멋진 사람이 될 수 있다.

셋째, 자신에 대한 믿음이 강한 사람은 선택과 행동에 대해 책임을 진다.

어려운 문제가 생기면 다른 사람을 비난하는가, 아니면 자신에게 책임이 있다고 인정하는가? 자신의 문제를 인정하고 받아들이는 건 쉬운 일이 아니다. 하지만 잘못을 인정할 줄 아는 사람은 용기가 있는 사람이다.

넷째, 자신에 대한 믿음이 강한 사람은 학교나 조직에서 리더 역할을 한다.

책임이 따르는 자리를 스스로 감당하려고 하는 태도에는 용기가 필요하다. 만약 그런 경험이 있다면 당시에 어떻게 리더 역할을 했는지 구체적으로 적어보자. 반대로 리더 역할을 맡아본 적이 없다면, 책임있는 역할을 맡기 위해 할 수 있는 세 가지를 적어보자.

어떤 일에 책임을 진다는 것은 자신에 대한 믿음이 있어야 가능한 일이다. 처음에는 어렵게 느껴질 수 있지만 책임을 지는 방법을 알아갈수록 자존감도 높아진다.

다섯 째, 자신에 대한 믿음이 강한 사람은 자신보다 다른 사람의 입장을 먼저 고려한다.

여러분은 친구나 가족이 도와달라고 손을 내밀면 기꺼이 도울 수 있는가? 도울 수 있다면 어떻게 도울 것인지 구체적으로 적어보자. 만약 누군가가 도움을 청했을 때, 그 도움을 거절한 일이 있다면 그 이유를 떠올려보자.

여섯 째, 자신에 대한 믿음이 강한 사람은 그 믿음도 확고하다.

살다 보면 믿음이나 확신하는 것을 부정하는 사람을 만날 수 있다. 이런 경우에도 자신의 믿음을 지킬 수 있는가? 만약 그렇다면 어떻게 믿음을 지킬 것인지 적어보자.

일곱 째, 자신에 대한 믿음이 강한 사람은 자신과 다른 사람에게 친절하다.

여러분은 자기 자신에게 자상한가? 옳은 일을 행했을 때는 자신을 칭찬하고 실수했을 때는 용서하라. 그렇게 하는 것이 어렵다면 자신을 위해 할 수 있는 일 세 가지를 실천해 보자. 자신을 위해 아무것도 하지 않는 사람은 자존감을 가질 수 없고, 높일 수도 없기 때문에 당연히 발전도 하지 못한다.

위에서 자신에게 해당되는 항목이 몇 개나 되는지 확인해 보자. 일치하는 항목이 많다면 당신은 자존감이 높은 사람이다. 나의 경우 일곱 개의 항목과 거의 일치한다. 나는 내 선택과 행동에 책임을 느끼기 때문에, 나의 장단점을 솔직히 평가하고, 어떤 점을 고칠지에 초점을 맞춘다.

문제가 생겼을 때도 내 신념을 굽히지 않는다. 물론 실수를 하면 실수를 솔직히 인정한다. 자신이 완벽한 사람이라고 여기며 신념을 굽히지 않는 건 좋은 일이 아니다. 다만 신념을 지키기 위한 노력은 중요하며, 그것 역시 '좋은 사람'이 되기 위한 하나의 과정이다.

그렇다면 자존감이 높다고 해서 인생이 평탄하게 흘러갈까? 꼭 그런 것은 아니지만, 자신을 사랑할 줄 아는 사람은 자연스럽게 다른 사람의 지지와 격려를 이끌어낼 수 있다. 또한 자존감이 높은 사람은 더 많은 것들을 변화시키고 성취할 수 있다. 그 이유는 사람의 본성이 사랑에 기반을 두고 있기 때문이다. 자존감이 높은 사람은 자신을 사랑하고 자신에게 더 많은 것을 성취할 자격이 있다고 믿는다. 이들은 다른 사람을 대할 때도 품위와 여유를 잃지 않으며 이런 태도는 강한 리더십으로 이어진다. 이들이 다른 사람의 격려와 지지를 이끌어내는 것은 당연한 일이다. 꼭 리더로서 역할을 하지 않더라도 자존감이 높은 사람은 주변 사람들에게 좋은 영향을 미친다.

무언가를 이루려면 꾸준히 자기계발을 해야 한다. 만약 어떤 일을 할 때 불안하거나 실패에 대한 두려움을 느낀다면 작은 것부터 하나하나 갈고닦아야 한다. 이런 노력을 꾸준히 하면 자신의 재능에 확신을 갖게 된다. 노력하지 않는 사람이 어떻게 탁월한 능력을 가질 수 있겠는가. 성실하게 차근차근 쌓아올린 실력을 뛰어넘는 임기응변은 존재하지 않는다.

나 역시 목표를 달성하려고 할 때 뜻대로 되지 않았던 경험이 많다. 그럴 때면 전전긍긍하며 조바심을 내곤 했다. 엄마는 그런 나에게 묵묵히 최선을 다하면 언젠가는 원하는 걸 얻을 수 있을 거라며 격려해 주셨다. 이 말은 어떤 일을 하든지 믿음을 가져야 한다는 뜻이다. 자신에 대한 확신이 있을 때 목표를 달성하기까지의 고단한 과정을 견딜 수 있다. 그리고 그 신념은 때때로 뜻밖의 선물을 가져다주기도 한다.

대학교 3학년 때 나에게 뜻하지 않은 행운이 찾아왔다. 행운은 한 통의 전화를 받으면서 비롯되었다. 그날 아침에 나는 잠옷 차림으로 철학 수업에서 배운 내용들을 복습하고 있었다. 그때 전화벨 소리가 울렸다. 내가  전화를 받자, 한 여성이 상냥하게 인사를 건넸다. 그녀는 자신이 누구이고 왜 전화를 했는지 밝혔다.

그녀는 'NBC 투데이 쇼'의 관계자였고 내게 출현할 의사가 있느냐고 물었다. 처음에는 믿기지 않아 몇 번이나 확인한 후 기꺼이 출연하겠다고 대답했다.

전화를 끊고 나서 너무나 기쁜 나머지 방방 뛰면서 소리를 질렀다. 내가 기르는 강아지 빗시에게도 방금 어디서 전화가 왔는지 말해 주었다. 빗시는 작은 눈망울을 굴리며 나를 바라보기만 했지만 녀석도 내가 신이 나 있다는 걸 알고 있는 듯했다.

나는 곧바로 엄마, 아빠에게 전화를 걸었다. 바로 전화를 받으면 좋았을 텐데, 두 분 모두 바쁘신지 연결이 되지 않았다. 얼마간의 시간이 흐른 뒤 드디어 엄마, 아빠와 연락이 닿았다. 나는 흥분이 가시지 않은 목소리로 오늘 받은 전화의 내용을 얘기했고, 엄마, 아빠도 믿기지 않는다며 놀라워했다.

지금도 나는 그 순간을 잊을 수 없다. 왜냐하면 'NBC 투데이 쇼'에 출연한 후로 여러 유명 텔레비전 프로그램에 출연할 수 있게 되었기 때문이다. 그 중에서도 가장 특별했던 경험은 엄마와 함께 CNN 헤드라인 뉴스에 출연한 일이었다. 그날의 모든 일들이 지금도 믿어지지 않지만 분명한 현실이었다. 나는 지금도 짜릿했던 그날의 흥분을 생생히 기억하고 있다.

"리지 벨라스케스 씨, 이제 준비하세요!"

CNN의 프로듀서 댄 스터첼이 푸근한 미소로 말하고는 무대 뒤로 사라졌다.

'어제까지만 하더라도 나는 텍사스 오스틴에 있었는데, 지금은 로스앤젤레스 시내에 있는 거대한 CNN 사옥 안에 앉아있다!'

나는 인터뷰가 진행되는 동안 하느님께서 함께 해 주시길, 엄마가 제발 침착해 주길 바라며 눈을 감고 기도를 했다. 엄마는 인터뷰를 할 때마다 항상 내 몫까지 긴장하곤 했다.

메이크업을 마치자 프로듀서 댄이 우리를 사전 인터뷰를 할 방으로 안내했다. 그는 파란색의 긴 소파에 앉더니 지금 촬영 중인 것처럼 상상해 보라고 했다. 나는 심호흡을 크게 한 번 한 다음 댄의 질문에 대답했다. 엄마와 댄은 내 대답에 자주 웃음을 터트리면서, 그 얘길 방송에서 꼭 해 달라고 말했다.

몇 분 후, 한 스텝이 우리가 있는 방으로 들어와서 셔츠 앞쪽에 소형 마이크를 꽂고 음향을 점검했다. 잠시 후 우린 함께 긴 복도를 지나 큰 문 앞에 섰고, 큰 문이 열리자 거실처럼 꾸며져 있는 무대가 눈에 들어왔다.

스텝이 나와 엄마를 자리로 안내했고 나는 촬영장을 둘러보면서 흥분을 느꼈다. 잠시 후 프로그램 진행자인 드루 핀스키 박사가 밝게 웃으며 인사를 건넸다. 엄마와도 악수를 나눴다.

나는 깊이 숨을 들이마시고 프로듀서가 카운트다운을 하는 동안 정신을 가다듬었다. 5부터 2까지를 세고 난 후, 프로듀서가 드루 박사를 가리킨 순간 녹화가 시작되었다. 그때 나는 이 순간을 영원히 기억하기로 했다.

빛이 있는 곳엔 언제나 그림자도 함께 드리운다. 반대로 그림자가 드리워진 곳에는 반드시 빛이 비치고 있다는 뜻이다.

나는 외모 때문에 말로 다 표현할 수 없을 정도의 비난과 조롱을 받았고 지금도 내 마음엔 큰 상처가 남아 있다. 사람들은 나를 비난하고 조롱할 목적으로 웹사이트와 유튜브 동영상을 만들었다. 하지만 그 웹사이트와 유튜브 동영상 때문에, 이 세상에 살고 있는지조차 모르던 사람들에게 나라는 존재가 알려졌다. 나는 나도 모르는 사이에 화제의 인물이 되어 있었던 것이다.

웹사이트와 유튜브 동영상은 내 의사와 전혀 상관없이 만들어졌다. 나는 알지도 못하는 사람들에게 무방비 상태로 노출되어 엄청난 스트레스와 고통을 받아야 했다. 하지만 나는 모니터를 들여다보며 괴로워하기만 하면서 얼어 있지 않았다. 자발적으로 대중들 앞에 내 모습을 드러내고 나에 관한 이야기들을 들려주었다. 그러자 사람들은 오히려 나에게 따뜻한 격려와 응원을 보내주었다.

그런 격려와 응원은 내가 살아오면서 경험한 것들 중에서 가장 놀랍고도 감격스러운 일이었다. 그 전에는 하루에도 수백 통 씩 쏟아지는 악의적인 이메일과, 동영상 밑에 달린 잔인한 댓글들을 방안에서 읽으면서 홀로 괴로워했다. 하지만 지금은 강연장에서 만난 많은 사람들의 따뜻한 응원을 받고 있으며, 그 덕분에 살아야 할 이유를 깨닫고 인생의 목적을 찾을 수 있었다.

나는 이 경험을 빛과 그림자의 원리로 이해하려고 한다. 쏟아지는 비난과 모욕은 그림자이고, 내가 쓴 책을 읽은 독자들이 보내주는 메시지는 빛이다. 강연장에서 만난 사람들, 그리고 내 책을 읽은 독자들이 보내주는 메시지는 인생의 목적을 발견할 수 있게 인도한 빛이었다. 이 세상에는 질서와 법칙이 존재한다. 많은 사람들은 질서와 법칙을 따르며 서로를 존중하고 배려하면서 함께 어울려 산다. 다른 사람의 권리를 빼앗거나 내키는 대로 다른 사람의 인격을 모독할 수 있다면 세상은 혼돈과 무질서로 무너지고 말 것이다. 하지만 인간은 이성과 도덕성을 갖고 있으며 그것은 소중히 지켜야 할 가치라고 믿는다. 그렇기 때문에 많은 사람들이 함께 어울리면서 평화롭게 삶을 영위할 수 있는 것이다.

빛은 온 세상을 밝게 비춰주지만 그림자는 극히 일부에 지나지 않는다. 나는 그림자가 아닌 빛에 초점을 맞추기로 했다. 그렇게 마음을 먹으면서 비로소 마음의 상처를 치유하는 방법을 찾을 수 있었다. 그리고 영원히 치유되지 않을 것 같던 상처가 서서히 아물기 시작했다.

사람들이 내 외모를 보고 놀라거나 불쾌감을 갖는다 해도 어쩔 수 없는 일이다. 외모를 바꾸기 위해 내가 할 수 있는 일도 없어 보인다. 하지만 내가 얼마나 괜찮은 사람인지를 보여주는 일은 얼마든지 할 수 있다. 살면서 깨닫게 된 교훈 중에서 가장 유용한 것은 '할 수 없는 일에 집착하지 말고 할 수 있는 일에 최선을 다하자.'는 것이다. 한 가지 덧붙이면 '우리는 자신이 원하는 걸 성취할 수 있도록 이 세상에 태어났다.'

여러분도 그런 점을 기억한다면 자신이 원하는 삶을 살 수 있다. 그리고 자신을 괴롭히는 모든 고통을 이겨낼 수 있는 방법을 찾게 될 것이다.

엄마의 일기_

1992년 1월 2일

염색체 전문가들은 네가 드바시 신드롬에 걸렸다고 진단했어. 우리는 네가 그 병을 앓고 있다는 사실보다 네게 동생을 선물해 줄 수 없다는 사실이 더 슬프단다. 하지만 다른 방법들을 생각하고 있어. 입양도 고려하고 있고. 이 이야길 들은 후로 엄마는 가끔 우울하구나. 이런 일이 일어나지 않으면 좋았을 텐데, 라는 생각도 해 본다. 하지만 너를 낳은 걸 무척 감사하고 있어. 너는 엄마, 아빠의 작은 천사이니까.

생각 나누기

1. 오랫동안 마음속으로 고민하던 것을 내려놓자 원하는 걸 얻게 된 경험이 있는가?
2. 여러분의 미래가 걱정되는가?
3. 현재 자신이 처해 있는 환경을 잘 살펴보자. 그리고 문제가 무엇인지 다른 사람과 이야기를 나눠보자.

리지의 제안

어떤 사람은 매일 반복되는 하루의 일상을 귀찮거나 따분하게 생각한다. 하지만 평범해 보이는 하루 동안에도 우리를 기쁘게 하는 수많은 가능성들이 존재한다. 조금만 주의를 기울여 자신의 일상을 들여다보라. 꿈을 이루기 위해 무엇을 해야 할지 알 수 있을 것이다. 모든 일에는 이유와 목적이 있다. 한 송이 꽃을 피우기 위해서는 꽃봉오리가 맺혀야 한다. 커다랗게 자란 거목도 처음에는 그저 작은 씨앗에 불과했다. 동물은 물론이고 사람도 모습을 갖추고 성장하기까지는 오랜 시간이 걸린다. 현재의 모습을 사랑하고 살아 있음에 감사하자. 감사하는 마음을 갖는 것만으로도 여러분이 할 수 있는 일들은 아주 많다.

좋은 친구가 생기기를 기다리기보다 스스로 누군가의 친구가 되었을 때
가 행복하다.

러셀(Russell)

친구가 있다는 것

친구는 가족만큼 소중하지만 좋은 친구는 저절로 생기지 않는다. 세상의 모든 소중한 것들과 마찬가지로 진정한 친구를 얻기 위해서도 노력이 필요하다.

나에게는 친구라는 존재가 특히 중요한 의미로 다가온다. 친구들의 도움이 없었더라면 지금의 나는 존재하지 않았을지 모른다. 그래서 나는 더욱 더 친구들과 좋은 관계를 유지하려고 노력한다. 내가 친구들을 소중히 여기는 만큼 그들도 나를 존중한다.

나는 좋은 친구가 되기 위해 나만의 규칙을 정해 두고 지키고 있다. 꼭 해 주고 싶은 말이지만 듣기에 좋지 않다고 해서 그럴듯하게 포장하거나 에둘러 표현하지 않고 항상 진실하게 말하려고 한다. 그것은 내 친구들도 마찬가지다.

솔직한 말이 때로는 무례하게 들릴 수 있다. 하지만 진실을 말하면 상대방도 기분을 상하지 않고 얼마든지 들어줄 수 있다. 진실한 친구라면 어떤 말을 하더라도 그것이 친구를 위하는 마음에서 나온 말이라는 걸 알기에 이해하고 마음으로 들어줄 수 있다.

지금까지 나는 많은 친구들을 사귀어왔고, 나와 친구들은 서로의 시간들을 함께 할 수 있었다는 것에 감사한다. 물론 서로에게 실망할 때도 있었다. 하지만 그런 일이 있어도 솔직히 감정을 드러내고 화해하려고 노력했고, 그 결과 어떤 일이 일어나도 서로를 격려하며 지지해 줄 수 있었다.

우리는 살아가면서 여러 부류의 친구들을 사귀게 된다. 가볍게 영화를 보러 가거나 쇼핑할 때 같이 가는 친구, 공부를 하거나 운동을 함께 하는 친구, 옆집에 사는 친구 등등. 사람마다 다르니 딱히 어떤 친구가 더 소중한지 순위를 매길 순 없을 것이다. 하지만 나는 가장 좋은 친구란 마음속에 있는 이야기를 털어놓고 말할 수 있는 친구라고 생각한다.

여러분은 친구 관계에 대해 진지하게 생각해 본 적이 있는가? 안타깝게도 많은 사람들이 간과하는 사실이 있다. 즉 좋은 친구를 사귀기 위해서는 노력이 필요하다는 것을 잘 모른다. 나는 어린 시절부터 친구에 대해 많은 것을 생각했다. 외모 때문에 사람들과 어울리기 쉽지 않은 나에게 친구는 무엇보다 중요했기 때문이다. 그리고 마음이 통하는 친구는 쉽게 얻을 수 있는 게 아니라는 사실을 깨달을 수 있었다.

좋은 친구를 얻게 되는 첫 번째 조건이 있다. 즉, 친구에게 기대하는 것을 자기 자신부터 갖추려고 노력하는 것이다. 이런 생각을 해 본 적이 있는지 한 번 되돌아보기 바란다. 다음 질문에 대답해 보면 자신이 좋은 친구인지 아닌지 확인할 수 있다.

첫째, 진심으로 친구를 위하는가? 그렇다면 당신은 그 마음을 어떻게 보여주는가?

둘째, 연락을 유지하려고 노력하는가?

셋째, 친구에게 충실한가?

넷째, 친구를 신뢰하는가?

다섯째, 친구에게 진실을 말하는가?

여섯째, 친구들과 함께 있는 것을 좋아하는가? 그들과 무엇을 할 때 가장 즐거운가?

모든 것이 불만투성이인 사람들에게 둘러싸여 있다고 생각해 보자. 주변에 그런 사람들만 있다면 스트레스를 받을 것이다. 이에 반해 마음이 긍정적인 사람에게서 풍기는 좋은 아우라는 다른 사람의 기분까지 좋게 하고 마음을 편하게 한다. 그렇기 때문에 밝고 활기찬 친구들이 주변에 있다는 것은 큰 축복이다.

친구와 우정을 나누고 싶다면 반드시 그 사람에 대해 관심을 가져야 한다. 터놓고 말할 수 있는 친구가 있다면 그보다 더 좋은 관계는 없을 것이다. 반대로 불평이 많고 징징대는 친구와는 좋은 관계를 유지할 수 없다. 부정적인 사람 옆에 있는 것처럼 힘들고 피곤한 일도 없다.

진정한 친구란 듣기에 좋은 말만 하는 관계보다는 어려운 이야기나 고민을 털어놓았을 때 마음이 한결 가벼워지는 관계를 말한다. 친구에게 고민을 털어놓으면 당신의 고통은 절반으로 줄어든다. 반대로 친구와 기쁨을 함께 나눌 수 있다면 그 기쁨은 두 배가 될 것이다. 물론 이때도 반드시 기억해야 할 것이 있다. 다른 사람에게 자신의 어려운 이야기를 할 때, 고통을 상대방에게 전가하는 고민 상담이 되어서는 안 된다.

친구에게 어려운 상황을 이야기하고 싶다면 그 대화를 통해 긍정적인 면을 찾으려고 해야 한다. 자신의 부정적인 감정을 친구에게 쏟아내는 것에 멈춘다면 좋은 관계를 유지할 수 없다.

마음속에 있는 이야기를 친구와 나누려는 것은, 이를 통해 고마운 마음을 느낌으로써 상처를 치유하기 위함이다. 따라서 하소연을 늘어놓기만 한다면 아무리 인내심이 강한 친구라도 다 들어주지 못할 것이다. 만약 기꺼이 자신의 이야기를 들어준 친구가 있다면, 그 친구에게 고마움을 표시해야 한다.

좋은 친구를 얻는다는 건 생각처럼 쉬운 일이 아니다. 진정한 친구를 곁에 두기 위해서는 그만큼 노력이 필요하다. 친구 관계를 유지하는 것 자체는 어려운 일이 아니다. 그러나 어려운 시기에는 예민해질 수 있기 때문에 조금만 다툼이 생겨도 사이가 틀어지거나 멀어질 수 있다. 그리고는 진정한 우정이 아니었다며 친구를 멀리하게 된다.

만약 친구 관계를 완전히 끊을 생각이 아니라면 사이가 멀어진 채로 방치해 두면 안 된다. 친구가 조금 섭섭하게 대했다고 서로 말을 하지 않거나 만나지 않는다면 관계는 악화될 뿐이다. 이럴 때는 상대방에게 예의를 지키면서 다가가서 조용히 이야기를 들어주려는 시도를 하기만 해도 관계를 회복할 수 있다.

한 가지 더 조언하고 싶은 것이 있다. 오랫동안 우정을 쌓고 싶다면 마음속에 앙금을 남기지 말고 솔직하게 자신의 감정을 말해야 한다. 그런 다음 상대방에게 설명할 기회를 주어야 한다. 그렇게 하면 시간이 걸리더라도 결국은 서로를 이해하고 받아들일 수 있게 된다.

사람들 중에는 친구를 사귀는 걸 꺼려하는 사람들도 있다고 한다. 어떤 사람은 친구를 만나고 사귀는 것 자체가 즐거워서 하루를 활기차게 시작한다. 친구를 사귀는 것은 결코 어려운 일이 아니다. 주변 사람들을 살펴보라. 그러면 당신과 함께 있을 때 즐거워하는 사람이 반드시 있을 것이다. 그들은 당신과 좋은 친구가 될 수 있다. 가능하면 그 사람들과 많이 사귈 것을 권한다. 자신과 즐거움을 함께 나눌 수 있는 사람이라면 좋은 친구가 될 수 있고 삶에 좋은 자극제가 될 것이다.

어떤 사람은 친구는 많을수록 좋다고 생각하기도 한다. 주변에 좋은 친구가 많으면 좋을 것이다. 하지만 그렇다고 친구 수를 늘리려고 무턱대고 사귈 수는 없는 노릇이다. 당연한 얘기지만 진정한 친구란 기쁘거나 좋은 일, 또는 힘들거나 궂은 일도 함께 할 수 있어야 한다. 그러나 이런 진정한 친구를 사귈 수 있는 기회가 자주 주어지는 건 아니다. 그래서 친구를 사귈 때는 신중하기도 해야 하지만 진심을 보여줘야 한다.

나는 개성이 다양한 친구들을 사귀려고 노력한다. 그 중에 고등학교를 함께 다닌 네 명의 여자 애들이 있는데 나에게 아주 특별한 친구들이다. 우린 하루도 거르지 않고 매일 같은 테이블에 앉아 점심을 먹으면서 서로에 대해 알아갔다. 그리고 이 친구들을 보면서 친구는 어떻게 사귀어야 하는지 배울 수 있었고, 이 친구들 덕분에 인생을 더 멋지게 살 수 있었다.

좋은 사람과 친구가 되면 우정이 영원할 것처럼 느껴진다. 하지만 모든 것과 마찬가지로 우정 또한 영원한 것은 아니다. 사귀다 보면 오해가 생기기도 하고 섭섭한 일도 겪게 된다. 또 사람마다 자신만의 관심사가 다르고 가는 길이 다를 수도 있다. 하지만 친구를 이해하려고 노력하면서 진심을 보여준다면 우정은 오래 갈 것이다.

우리는 목표를 세우고 이뤄가는 과정에서도 많은 사람들을 만나고 헤어진다. 성장하는 과정에서 본의 아니게 친구와 소원해지는 일도 일어나는데, 의도하지 않은 이런 일이 일어나면 대처하기가 매우 어렵다.

항상 좋을 것 같던 친구와도 이렇게 사이가 멀어질 수 있는데, 거기에는 여러 가지 복합적인 이유들이 작용한다. 둘 중에 하나가 먼 곳으로 이사를 가거나 더 이상 서로에게 공유할 관심사가 없어서 자연스럽게 멀어질 수 있다. 아니면 각자의 일이 바빠서 연락을 안 하다 보니 멀어질 수도 있다.

이런 경우, 오랫동안 친구였기에 관계를 유지해야 한다는 의무감을 느끼지만, 우정은 자연스러워야 하기에 억지로 관계를 지속시킬 수 없게 된다. 또한 그렇게 한다고 해서 좋은 친구 관계를 유지할 수 있는 것도 아니다.

이렇듯 우정이 영원할 수는 없지만 진정으로 우정을 나눌 수 있는 친구가 있다면, 오랫동안 그런 관계를 유지할 수 있도록 노력해야 한다.

　사사로운 일 때문에 친구와 멀어지는 경우도 자주 있다. 만약 그런 상황을 받아들일 수 없다면 친구와 진지하게 대화를 나눠보라. 이때 기억해야 할 것은 감정적으로 친구를 대해서는 안 된다. 아무리 대화를 나눠도 관계를 더 이상 지속할 수 없다고 생각되면 확실하게 이야기하는 것이 좋다. 그렇게 하는 편이 깔끔하고 자연스럽다. 이렇듯 다른 사람과의 관계를 정리하는 것도, 유지하는 것도 결국은 자신의 책임을 필요로 한다.

　살아가면서 많은 사람들을 만난다고 해도 친구 관계로 이어지는 경우는 한정되어 있다. 이제 가까운 곳에 있는 친구들이야말로 자신과 인연이 닿은 특별한 존재라는 걸 알 수 있는가. 이들을 대할 때 친구가 된 소중한 사람이라는 사실을 기억하면서, 존중하고 배려하는 마음을 갖도록 하자.

　좋은 친구는 다른 사람과 어울리며 살아가는 방법을 배울 수 있게 하고 서로를 인격적으로 성숙하게 한다. 다양한 성향의 친구들과 사귀다 보면 삶의 지혜를 깨닫기도 한다. 그것은 우리를 더 현명한 사람으로 성장시키고 살아가는 보람을 느끼게 한다. 다른 사람에게 다가가서 좋은 사람이 되려고 노력해 보자. 그러다 보면 좋은

친구를 얻게 될 것이다. 이는 인생에서 가장 멋진 일 중의 하나이
다.

엄마의 일기_

1991년 2월 1일

니키는 이제 너를 리지라고 부르고 '엘리자베스'라고도 발음할 수
있어. 니키는 너와 안젤리타랑 얘기하는 걸 좋아한단다. 언제부터 알았
는지 이제는 화장지가 어디에 있는지도 알아. 그래서 콧물이 나올 때
마다 너보고 자기 코를 닦아달라고 하는구나. 니키, 안젤리타, 너는 정
말로 빠르게 자라고 있어. 내가 보기엔 서로 곁에 있어서 그런지, 너희
들 모두 더 빨리 크는 것 같다.

생각 나누기

1. 친구 때문에 감동을 받은 적이 있다면 왜 감동을 받았는지 구체적으로 적어보자.
2. 친구와 다투거나 좋지 않은 일로 사이가 멀어졌는가? 그렇다면 자신의 행동을 돌아보고, 무엇을 잘했고 무엇을 잘못했는지 생각해 보자.
3. 좋은 친구가 되기 위해 어떤 노력을 했는지 생각해 보자.

리지의 제안

다른 사람을 존중하는 태도는 반드시 필요하다. 나는 주변 사람들을 소중히 여기는 사람이 많을수록 세상이 더 평화로워질 거라고 믿는다.

쉽게 얻을 수 없는 가치 있고 고귀한 것을 얻기 위해서는 정성과 노력이 더해져야 한다. 인생에서 좋은 친구란 바로 그런 것이다. 마음을 나눌 수 있는 친구를 얻고 싶다면 먼저 자신부터 좋은 사람이 되어야 한다. 친구에게 좋은 사람이 되는 요령은 자신의 단점을 있는 그대로 인정할 줄 알고 그것을 고치려는 자세를 갖는 것이다.

사람들은 흔히 진정한 우정은 친구의 허물도 덮어줄 수 있어야 한다고 말한다. 하지만 그것은 단점을 고칠 필요가 없다는 것을 의미하지는 않는다. 만약 당신에게 부드럽지만 단호하게 조언해 주는 친구가 있다면 그 사람에게 고마움을 표시하기 바란다. 그 친구야 말로 당신을 진정으로 아끼고 염려하는 사람이다.

사람마다 소중하게 여기는 가치는 다르기 마련이다. 그 중에서도 우정은 젊은이들에게 가장 소중한 자산이 된다. 마음을 터놓고 무슨 이야기든 함께 나눌 수 있는 그런 친구가 있다면 얼마나 좋겠는가.

아마도 서로가 얼굴만 보아도 마음의 안정을 느끼게 하고 서로를 성장시켜 줄 것이다. 우리 모두에게는 친구와 우정을 나눌 수 있는 능력과 자격이 있다. 그러니 밖으로 나가서 친구를 만나라.

믿음 없이 삶의 무게를 견뎌내는 것은 불가능하다. 믿을 수 있는 사람이 자신뿐이라는 건 최악의 감옥에 갇혀 있는 것이다.

헨리 그레이엄(Henry Graham)

내 두 번째 집

신앙생활은 온갖 시련을 이겨내고 지금까지 살아 있을 수 있게 한 내 삶의 중요한 일부이다. 그래서 이 책에서 신앙에 대해 자주 언급하는 편이다. 독자 여러분은 종교에 관한 이야기라기보다는, 그저 내가 어렵게 살아온 이야기라고 생각하고 편하게 들어주길 바란다.

종교를 갖는다는 것, 신앙생활을 한다는 것은 나와 신과의 소통을 의미하고 나에게 무엇보다 중요한 일이다. 여기서는 내가 가톨릭 신앙생활을 하면서 느낀 일화와 함께, 진정성을 갖고 하느님과 소통하는 것이 얼마나 중요한지 언급하려고 한다.

나는 성당 사람들과 함께 기도하는 것을 매우 좋아하고 또 그들과 함께 할 수 있다는 사실을 감사하게 여긴다. 엄마는 내가 아플 때면 이웃 신도들에게 기도해 달라고 부탁하신다. 나 역시 아무리 힘들어도 사람들이 나를 위해 기도한다고 생각하면 저절로 용기가 솟아난다. 이처럼 신앙생활을 한다는 것은 내게 있어서 든든한 보루와도 같다.

나는 그 믿음 덕분에 위기에 처했을 때마다 헤쳐 나올 수 있었고 하느님의 진정한 사랑을 느낄 수 있었다. 그래서 극도로 어려운 환경 속에서도 정신적으로 풍족함을 잃지 않고 살 수 있었다. 하느님에 대한 나의 믿음은 선택이 아닌 필수였다. 살아오면서 절대적으로 필요한 것을 한 가지만 말해 보라고 한다면 나는 주저하지 않고 신앙이라고 말한다. 성당에 가서 신앙생활을 하면 아무리 어려운 일이 있어도 마음에 평온과 위안을 느낄 수 있다.

내가 세상에 태어난 건 그 자체로 기적이다. 지금까지 살아서 이 책을 쓰고 있는 것만 봐도 하느님의 도움이 없었더라면 불가능했을 일이다. 이런 하느님의 은총은 나에게만 해당되는 일이 아니다. 나는 공기와 물, 햇빛, 식량 등 우리가 살아가는 데 필요한 모든 것은 그분이 창조하셨다고 믿는다. 당연히 모든 혜택은 우리 모두 함께 누리고 있으며, 이렇듯 모든 사람들은 하느님의 은총 아래 살고 있다.

　내 삶을 돌아보면 중요한 고비마다 하느님이 개입하셨다는 것을 잘 알 수 있다. 그건 정말로 인간의 능력을 넘어선 일이었고, 나를 향한 하느님의 사랑이 없었다면 있을 수 없는 일이었다. 나는 하느님의 이름 앞에서는 한없이 작아지고 약해진다. 그분의 이름에 담긴 벅찬 의미와 약속이 나를 살게 한 희망의 원천이기 때문이다.

　나는 성당을 나의 두 번째 집이라고 생각한다. 매주 주일마다 가는 곳이지만, 성당에 들어설 때마다 말로 표현할 수 없는 안정감과 평화를 느낀다. 고요한 분위기에서 무릎을 꿇고 기도를 하면 한 주 동안 있었던 좋고 나쁜 일들, 혼란스러웠던 마음이 정리된다. 동시에  가슴속 깊은 곳에서 치유의 에너지가 솟아나고, 성서를 낭독하거나 강론을 들으면서 잊고 있던 진실을 깨닫기도 한다.

　성당 안을 밝혀주는 촛불을 가만히 보고 있으면 신앙 공동체와 함께 하면서 겪었던 일들이 주마등처럼 스쳐간다. 나는 첫 번째 성찬식, 견진성사, 고해성사 등을 어린 시절부터 다녔던 같은 성당에서 치렀다. 그리고 수많은 세례식 및 결혼식, 장례식에도 참석했다. 이를 평범하고 일상적인 경험이라 여길 수 있겠지만, 내게는 모든 것이 아주 특별한 의미를 갖는다. 그리고 그 경험들이 하나 둘 모여 믿음도 함께 성장했다.

나는 태어난 후 지금까지 매주 주일마다 미사에 참석하고 있다. 매주 참석할 때마다 하느님이 함께 하고 있다는 걸 확실하게 느낀다. 때때로 미사를 드리다가는 하느님이 어떻게 나를 돌보시는지 깨닫기도 한다. 그래서 미사는 나에게 너무나 중요한 의식이다.

나뿐만이 아니라 미사는 가톨릭 신자에겐 신앙생활의 중심적인 활동이기 때문에, 한 주의 가장 중요한 일과가 되어야 한다. 그리고 당연히 그 시간을 통해 자신을 돌아보는 계기로 삼을 수 있어야 한다.

아무리 중요한 일이라도 의미를 두지 않고 행한다면 진정한 가치를 모르게 된다. 그저 일상의 일부에 지나지 않는 방 치우기나 세차, 숙제 등의 흔한 일과처럼 돼버릴 수 있다.

더 안 좋은 것은 이런 습관이 반복되다 보면 가끔씩 미사에 참석하지 않게 된다. 지난 주에 갔었고 다음 주에도 갈 수 있다면, 그 시간에 한 번쯤은 놀러 가도 된다고 생각하기 쉽다.

미사를 드릴 때면 나는 한 가지 생각에 몰두하려고 한다. 즉 미사의 진정한 의미를 놓치지 않으려고 노력한다. 가톨릭 미사는 절차가 다소 복잡해 보이지만 모든 절차에 다 의미가 있고 중요하다. 기도를 하거나 찬송가 합창, 성경 낭독 등의 모든 의식은 하느님과 소통하는 방법이어서 정성을 다하려고 한다.

가톨릭 신자가 아닌 사람에겐 다소 어려운 개념일 수 있지만 모든 신자들에게 아주 중요한 의식이 있다. 바로 성찬식이라는 것이 있다. 성찬식은 그리스도의 몸과 피에 담긴 의미를 되새기는 의식이다.

내게 있어서 성찬식 때 먹는 빵과 포도주는 치유와 평화를 얻는 통로가 된다. 특히 이때 그리스도의 삶과 죽음, 부활에 대해 묵상하는 걸 좋아한다. 이는 그리스도와 나를 이어주는 연결고리가 되고 여기서 나는 새로운 용기와 위안을 얻는다.

나의 경우도 성찬식 이후에 해야 할 일들이 떠오르면 마음이 심란할 때가 있다. 그 엄숙한 순간에 딴 생각을 하게 되는 것이다. 그럴 때마다 곧바로 정신을 차리고 딴 생각을 하는 나를 흔들어 깨우곤 한다.

성찬식은 신자가 가톨릭 공동체에 속해 있다는 사실을 재확인하는 의식이다. 또 하느님과의 유대감을 더욱 굳건히 하는 의식이다. 단순히 빵과 포도주를 받아먹는 행위를 한다고 그리스도와 가까워지는 것은 아니다. 성찬식을 통해 그리스도의 기적을 음미하는 것이 중요하다. 따라서 성찬식에 참여할 때는 경건한 마음으로, 우리를 향한 그리스도의 사랑과 희생을 되새겨야 한다.

내 경험으로 볼 때, 자신이 가장 집중할 수 있는 시간에 미사에 참석하는 것이 좋다. 즉 미사를 드리는 시간을 중심으로 한 주 동안의 일정을 정리하면 좋다. 나는 절대로 미사를 바쁜 와중에 어쩔 수 없이 끼워 넣는 귀찮은 일로 여기지 않는다. 오히려 다른 그 어떤 일보다 중심적인 활동이 되길 원한다.

가톨릭 신자에게 미사 참석은 무엇보다 중요하기 때문에 진정성을 갖고 임하라고 강조하고 싶다. 진정성 있는 자세를 갖기 위해서는 마음과 영혼을 모두 미사에 집중할 수 있어야 한다. 나는 아무런 의미도 두지 않고 올리는 미사를 경계하려고 한다. 믿음이 결여된 행위는 빈껍데기에 불과하기 때문에 하느님께서도 원하지 않는다.

다음으로는 기도문과 찬송가를 외우는 일에 대해 내가 느낀 것이 있다. 기도문과 찬송가를 외울 때 가장 중요한 것은 기계적이어서는 안 된다는 점이다. 기도문을 외울 때는 단어들이 의미하는 바를 곰곰이 생각하고 되새길 줄 알아야 한다. 머릿속으로 딴 생각을 하면서 입으로만 외운다면 교훈를 얻지 못할 뿐 아니라 하느님에 대한 예의도 아니다.

나는 기도문을 외울 때마다 새로운 깨달음을 얻는다. 또한 그럴 때는 하느님과 소통이 이뤄진 것 같아서 그날은 하루 종일 기분이 좋다. 물론 성경에 나오는 인물들처럼 직접 하느님의 음성을 들어본 것은 아니다. 하지만 그리스도가 전하신 하느님의 말씀을 통해 나는 소중한 지혜를 얻는다. 그것은 다른 사람들도 마찬가지라고 생각한다.

올바른 신앙생활을 위해 신부님의 강론을 경청하는 것도 매우 중요하다. 가톨릭의 강론은 그날의 성경 구절을 지정하고 일상에 적용할 수 있게 돕는 것이기에, 강론에 집중하면 세상의 이치를 배울 수 있다.

성경 말씀은 앞으로도 인류 역사에 영원히 존재할 것이다. 하지만 진정으로 받아들이지 않는다면 단순한 문장에 지나지 않는다. 하느님께서는 들을 귀가 있는 자에게서 복음을 듣고 구원을 얻으라 하셨다. 이것이 크리스천들이 말씀을 대할 때 항상 염두에 둬야 할 점이다.

미사 전에는 그날의 성경 구절을 미리 읽어두는 습관을 들일 것을 권한다. 그날의 성경 구절을 미리 읽고 묵상을 하면 강론에서 더 많은 것을 얻을 수 있기 때문이다. 성경 구절은 수많은 은유로 이뤄져 있기 때문에 다양한 해석이 가능하고, 같은 구절이라도 개인의 상황에 따라 의미가 다르게 받아들여지는 경우가 아주 많기 때문이다.

신부님의 강론은 말씀에 담긴 진정한 의미에 접근하는 일종의 안내라고 보면 된다. 또한 강론은 듣는 것도 중요하지만 자신의 삶에 적용할 수 있어야 한다. 이는 강론을 듣는 사람이 반드시 기억해야 할 일이다.

신자라면 주일뿐만 아니라 주중에도 신실한 마음가짐을 가져야 한다. 성당 공동체와 지속적인 유대관계를 유지하면서 신앙 안에서 하나임을 잊지 말아야 한다. 이는 이웃을 내 몸같이 사랑하라는 하느님의 말씀과도 맥을 같이 한다. 운명 공동체로서의 역할을 잘 알고 서로를 아끼고 사랑하는 자세가 필요하다.

엄마의 일기_

1993년 11월 6일

많은 세월이 흐르겠지만 언젠가는 네 병에 대해 알 수 있는 날이 올 거야. 엄마, 아빠는 그때까지 포기하지 않을 거란다. 너 역시 인생을 살아가는 목적을 깨닫고 실천하면서, 하느님의 은총을 사람들에게 돌려주길 바란다. 사랑한다.

생각나누기

1. 어떤 기도문을 가장 좋아하는가?
2. 어떤 찬송가를 가장 좋아하는가?
3. 강론을 들어보았다면 그 중에서 최고의 강론을 떠올려보라.
   그 강론이 당신에게 어떤 교훈을 주는가?

리지의 제안

신앙을 갖는다는 건 분명 좋은 일이다. 영적으로 성숙한 사람은 자신뿐 아니라 주변에 좋은 영향을 미친다. 하느님은 그 사람을 통해 인류를 구원할 계획을 갖고 계신다. 세상에 태어난 모든 사람은 이유와 목적을 갖고 있으며 생명은 그 자체로 소중하다. 그리고 하느님은 우리에게 변함없는 사랑을 주신다.

항상 기뻐하라 쉬지 말고 기도하라 범사에 감사하라 이것이 그리스도 안에서 너희를 향하신 하나님의 뜻이니라.

데살로니카 전서 5:16-18

영혼의 빛을 따르다

강연을 시작한 후부터 나는 수많은 이메일을 받고 있다. 개인적으로 만나는 사람들도 많아졌다. 이렇게 만나는 사람들은 내게 여러 가지 질문을 던진다. 가장 많이 받는 질문 중의 하나는 '어떻게 하면 그렇게 항상 긍정적일 수 있느냐?'는 것이다.

나는 이 질문에 대한 답을 오랜 시간 동안 고민해 보았다. 그 결과, 하느님께 내 삶을 맡겼기 때문이라고 대답할 수 있었다. 나는 태어나는 순간부터 하느님의 사랑을 체험했고 그분 덕분에 지금까지 살 수 있었다.

종교활동을 하지 않는 사람이라면 이런 생각을 맹목적이라고 생각할 수 있다. 하지만 하느님은 눈과 귀로 확인할 수 있는 것이 아니라 마음과 영혼으로 느낄 수 있다.

오늘날 우리는 첨단 물질문명 시대를 살고 있다. 과학기술의 놀라운 발전은 과거엔 상상조차 할 수 없었던 일들을 가능하게 하고 있다. 하지만 이런 기술들이 우리 삶의 문제들을 모두 해결해 줄 것인가에 대해서는 의문이다. 여전히 인간의 능력으로는 원인조차 알 수 없는 일들이 일어나고 있다.

의학 분야만 하더라도 내 병처럼 치료할 수 없는 질병들이 적지 않다. 나는 24년이라는 세월 동안 몸에 지방이 축적되지 않은 희귀병을 안고 살아왔다. 이 문제 역시 현대의학으로 풀 수 없는 미스터리로 남아 있다. 나는 그 답을 오직 신만이 알고 계신다고 생각한다. 원인조차 알아내지 못하는 현대의학이 지금까지 나를 살게 했다고 생각할 순 없다. 나를 살아 있게 하는 것 자체가 하느님께서 행하신 기적이어서 나는 하느님께 내 삶을 온전히 맡겼다. 어찌보면 하느님께서 나를 키우고 보살폈다고 보는 편이 더 타당할 것 같다.

사람들은 '어떻게 하면 항상 긍정적일 수 있느냐?'고 묻는다. 나는 하느님의 사랑을 믿기에 모든 것을 항상 긍정적으로 생각한다.

또한 긍정적인 사고를 매우 중요하다고 생각하기 때문에 강연할 때마다 반드시 언급한다. 이렇듯 나에게 주어진 사명은 긍정적인 사고와 함께 자신을 사랑하고 자신을 긍정적으로 가꾸며 살아가는 방법을 세상에 알리는 것이다.

다른 사람을 만날 때는 그 사람이 누구든 있는 그대로 받아들이려는 노력이 필요하다. 그래야만 다른 사람도 여러분을 존중할 수 있다. 그렇게 하기 위해서는 편견과 고정관념을 철저히 버려야 한다.

솔직히 고백하면, 나도 어느 날은 되는 일이 하나도 없어서 불평할 때가 있다. 견딜 수 없을 정도로 힘든 상황이 이어지면 좌절도 하고 자신감을 잃기도 한다. 살면서 숱한 고비들을 넘겨 왔지만 그럴 때가 최악의 상황이고 아주 사소한 일마저도 부정적으로 받아들이게 된다.

항상 좋은 날만 있을 수 없다는 것, 사람은 누구나 시련과 고난을 겪기 마련이라는 걸 우리는 잘 알고 있다. 하지만 그런 일들, 그런 순간들을 슬기롭게 이겨낼 수 있어야 한다. 고난을 견디고 이겨내면 우리의 삶은 반드시 변한다. 어차피 우리는 고난을 극복하기 위해 이 세상에 태어났는지 모른다.

사람들은 내가 웃는 모습을 보며 '저렇게 몸이 좋지 않은데도 밝게 웃는구나.'라는 생각한다. 하지만 내가 어떤 마음으로 고통을 감추려고 하는지 아는 사람은 드물다. 가족들조차도 잘 모른다. 내 마음을 아는 분은 오직 한 분, 하느님뿐이다. 그분에 대한 소망과 열정이 솟아날 때 나는 비로소 긍정적인 자세를 되찾을 수 있다.

　어린 시절에는 부모님과 함께 성당에 나가 기도할 때가 좋았다. 기도는 내가 하느님과 대화를 하는 방식이고 불안과 두려움을 극복하는 가장 좋은 방법이다. 하지만 나이가 들면서 게을러져, 문득 정신을 차리고 보니 기껏해야 문제가 생겼을 때만 기도한다는 생각이 들었다.

　하느님과 기도, 그리고 하느님과 나의 관계는 이처럼 롤러코스터를 타는 듯했다. 어떤 목적을 이루고자 할 때는 정말로 열심히 기도를 하다가도, 한 고비를 넘기고 나면 다시 필요할 때까지 잊고 지냈다. 게다가 하느님이 원하는 답을 주시지 않으면 원망하기도 했다.

　한동안 나는 다른 사람들과 똑같은 외모가 되기를 갈망하며 심각할 정도로 외모에 집착했다. 그래서 기도하고 또 기도를 했지만 하느님께서 기적을 일으켜 내 소원을 들어주지는 않았다. 간절히 원했던 만큼 하느님을 원망하면서 나는 깊은 절망에 빠져갔다. 더 이상 현재의 상태를 유지할 수 없을 정도로 심하게 상처를 받았다. 결국 있는 그대로의 나를 받아들일 수 있게 되었을 때, 비로소 하느님과의 관계를 회복할 수 있었다. 그리고 그때 그분의 사랑을 온전히 이해할 수 있게 되었다.

높은 자존감을 갖는다는 건 자신이 선택한 삶을 사는 데 있어서 반드시 필요하다. 우리는 그것을 세상 사람들에게 널리 알려야 하며, 그것은 하느님께서 우리를 세상에 보낸 진정한 이유이기도 하다. 이를 깨닫자 내게는 감사해야 할 일들이 점점 더 많아졌고, 나의 기도 역시 감사로 가득 차게 되었다. 기도는 나뿐만이 아니라 모든 사람에게 필요하다. 마음을 열고 기도를 하면서 기도의 힘을 느껴보길 바란다. 그렇게 하면 나처럼 놀라운 변화를 경험할 수 있을 것이다.

기도를 어렵게 생각하는 사람들이 있다. 입에서 술술 말이 나와야 기도를 잘 하는 것으로 생각하기 때문이다. 하지만 그렇게 생각하지 않아도 된다.

나의 첫 기도 제목은 아주 간단했는데 단순한 문장들을 만들어 암송하면서 기도하는 습관을 들였다. 기도를 시작하고 끝낼 때는 성호경을 덧붙였고 시간이 흐른 후에는 주기도문을 추가했다.

이후 나는 기도를 잘하기 위해 노트를 만들었는데 그 과정은 정말로 좋은 경험이었다. 지금도 나는 기도를 할 때 노트를 자주 활용한다. 기도 노트에는 나의 재능과 적성, 관심사, 믿음이 성장하는 과정들이 고스란히 담겨 있다. 그리고 기도 제목을 읽어보면 앞으로 내가 어떤 방향으로 발전할 수 있는지도 짐작할 수 있다.

이것은 누구나 할 수 있는 일이다. 물론 어떤 때는 한 문장도 쓰기 어려울 때가 있을 수 있다. 하지만 인내심을 갖고 생각을 정리하면 어려움없이 기도문을 만들 수 있다. 수려하고 세련된 표현이 아니어도 상관없다. 가장 중요한 것은 기도문을 노트에 적는 것이다.

내 기도문 중에서 몇 가지 예를 들어 보자면 '주님, 저는 ~에 감사합니다.' 혹은 '하늘에 계신 아버지, 당신께 ~를 말씀드리고 싶습니다.' 등이다.

기도를 시작하기 어려울 때마다 위의 예시들을 이용하면 쉽게 첫마디를 뗄 수 있다. 그렇게 하면 하고 싶은 말들을 좀 더 쉽게 할 수 있다. 만약 첫 마디가 입에서 떨어지지 않는다면 내가 만든 예시를 활용해서 시도해 보는 것도 하나의 방법이 될 것이다. 다른 사람이 생각해 둔 표현을 사용한다는 것이 마음에 걸릴 수 있다. 하지만 하느님에겐 기도문을 누가 작성했는지는 중요하지 않다. 가장 중요한 것은 기도를 하고 있다는 사실이다.

기도는 하느님과 우리를 연결하는 유일한 통로이다. 나는 기도를 할 때마다 만물에 깃들어 있는 하느님의 힘을 느끼곤 한다. 세상에서 가장 마른 내 몸에 피가 돌고 심장이 뛰는 걸 느낄 때마다 그분의 은총과 사랑에 감사하게 된다.

나는 어린 시절부터 하느님이 전능하신 분임을 알고 있었다. 내 여건이 그런 사실을 깨달을 수 밖에 없게 한 것도 한 몫을 했다. 혹독한 고난 앞에서 나를 지키려는 하느님의 뜻을 느낄 수 있었다. 치유할 수 없는 나의 병을 하느님 자신을 드러내는 도구로 쓰시려 한 것이다. 현대의학으로도 원인이나 치료법조차 알 수 없는 병을 주어 인간의 한계를 깨우치게 하셨고, 하느님께 도움을 청하면 극복하지 못할 어려움이 없다는 진리를 전하려 하셨다.

　하느님께서 나를 특별하게 쓰실 계획을 갖고 있다고 생각하면 마음에서 감사함이 우러나온다. 언제까지 내가 이 세상에서 살 수 있을지 모른다. 다만 살아있는 동안만큼은 하느님의 뜻을 충실히 전할 수 있기를 간절히 바랄 뿐이다.

　여러분 중에는 지금보다 더 깊은 신앙생활을 하고 싶은 사람이 있을지 모른다. 내가 신앙의 본보기로 삼고 있는 성인 중에 루치아가 있다. 성 루치아는 예수 탄생 후 약 300년 뒤에 이탈리아의 시실리에서 태어났다. 후대에 와서 불굴의 신앙심을 가진 성인으로 추대되었는데, 그 이유는 그녀의 용기있는 행동 때문이었다. 나는 그녀의 이야기를 들을 때마다 감동을 받는다.

　성 루치아는 부유한 가정에서 태어났다. 그런 그녀는 가진 재산을 모두 가난한 사람들에게 나눠주기로 하고 평생을 독신으로 살기로 결심했다. 하지만 어머니의 생각은 달랐다. 당시에는 부모가 자녀의 결혼을 주선하는 것이 일반적이었다. 성 루치아의 어머니 역시 딸의 결혼을 주선하려고 했지만, 성지순례를 다녀온 후 기적을 체험한 뒤부터는 마음을 바꾸게 되었다. 수 년 동안 앓고 있던 병이 씻은 듯이 나은 것이다.

그 후 그녀는 딸의 뜻을 존중하기로 하고 많은 재산을 가난한 사람들에게 나눠주었다. 하지만 이 결정은 루치아와 결혼하기로 했던 약혼자의 거센 반발을 샀다. 그는 루치아와 그녀의 재산을 잃게 된 것에 분개하며 루치아를 당국에 고발해버렸다. 당시 시실리에서는 그리스도 교인이 되는 것은 불법이었고 그녀의 집으로 호위병들이 찾아왔다.

호위병들이 루치아를 끌어내려고 했지만 그녀의 발은 땅바닥에 붙은 것처럼 꿈쩍도 않았다. 가장 힘이 센 병사조차 그녀를 움직이게 할 수 없었다. 결국 총독은 집에 불을 지르도록 명령했다. 하지만 그 방법으로도 그녀를 죽일 수 없었다.

훗날에 루치아는 누군가에 의해 세상을 떠났지만, 고난 속에서도 하느님에 대한 믿음과 사랑을 지킨 것으로 인정되어 성인의 반열에 올랐다.

성 루치아의 이야기는 믿음을 지킨다는 것이 얼마나 어려운 일인지 깨닫게 한다. 또 믿음을 지키는 것이 옳은 일이라는 사실을 알게 한다. 루치아란 이름은 라틴어로 '빛'을 의미하기에, 나에게는 특별히 더 큰 의미를 갖는다. 지금 나의 왼쪽 눈은 시력을 완전히 잃은 상태이다. 성 루치아라는 이름은 내 영혼에 한 줄기의 빛이 되어 나에게 길잡이가 되고 있다.

많은 사람들이 내 병을 몸에 지방이 축적되지 않는 희귀한 병쯤으로만 알고 있다. 요즘 지방과다로 발생하는 비만의 위험성이 널리 알려져 있기 때문인 것 같은데, 단순히 살만 찌지 않는 것이냐고 묻곤 한다. 하지만 지방은 신체를 이루는 데 있어서 반드시 필요한 부분이다. 지방 과다증상인 비만이 여러 가지 합병증을 유발하는 것처럼, 지방이 절대적으로 부족한 나에게도 여러 가지 증상들이 나타나고 있다.

그 중에서 가장 두드러지는 증상이 왼쪽 눈의 시력인데, 나는 오른쪽 눈으로만 세상을 볼 수 있다. 한 쪽 눈으로만 사물을 본다는 것은 참으로 불편한 일이다. 하지만 더 힘든 것은 건강에 대한 걱정이다.

지금까지 하느님의 은총으로 살아왔고 진심으로 감사하게 생각한다. 하지만 솔직히 악화되는 건강상태를 확인할 때마다 조바심이 난다. 하느님께서 계획하신 사명을 완수하고 싶은 마음 때문이다. 그럴 때마다 성 루치아를 떠올리면서 그녀의 이름에 깃든 빛이 나를 인도해 줄 거라고 믿는다.

내가 감사하다고 말할 때, 사람들은 뭐가 그렇게 감사하냐고 묻는다. 사람들은 내가 일종의 시한부 인생을 살고 있다고 생각하기 때문에, 그런 삶이 뭘 감사해 할 일이냐고 묻는 것이다. 하지만 나는 오래 사는 것보다 어떻게 사느냐가 더 중요하다고 생각한다. 나를 통한 하느님의 계획은 분명 다른 사람들의 삶에 도움을 줄 거라고 믿는다.

성 루치아는 수많은 고난과 위협 속에서도 꿋꿋이 자신의 믿음을 지켰다. 이를 떠올릴 때마다 나 또한 어떤 일이 닥쳐도 믿음을 지켜야 한다는 생각을 굳게 한다. 내가 지금까지 삶을 포기하지 않은 이유도 믿음을 지키기 위해서다.

성인이라고 하면 완벽한 사람을 떠올리는 사람도 있겠지만 사실은 그렇지 않다. 오히려 대부분의 성인들은 살아 있을 때 완벽함과는 거리가 멀었다. 일반인과 크게 다를 게 없었다. 하지만 그들은 세상을 떠난 후 신자들의 본보기가 되는 영광을 누릴 수 있었다. 흔들리지 않는 믿음과 천국에 대한 소망을 굳게 지켰기 때문이다.

가톨릭 신자들은 성인을 신앙이라는 여정의 동반자로 본다. 또 어떤 사람은 자신을 지켜주는 수호자로 여기기도 한다. 사실 성인에 대해 어떤 생각을 하는지가 중요한 것은 아니다. 어려움에 처했을 때마다 하느님에 대한 믿음으로 이겨냈다는 것이 사람들에게 교훈을 준다. 하느님에 대한 믿음 덕분에 그들의 삶은 더욱 가치 있는 것이 되었다.

나는 성 루치아를 생각하면서 가야 할 길을 묵묵히 걸을 것임을 다짐한다. 생명의 위협을 받는 상황에서도 루치아가 보여준 용기는 나에게도 필요하다. 나는 하느님의 울타리 안에서 성 루치아와 함께 하고 있다고 생각한다.

내 이야기를 다른 사람들과 공유할 수 있다는 것은 나에게 큰 축복이다. 나 역시 비록 성인은 아니지만 많은 사람들에게 삶과 생명의 소중함을 일깨워주고 있다. 그리고 그런 활동들은 내 삶을 더 가치 있는 것으로 만들고 있다.

지금까지 나는 수많은 곳에서 강연을 했다. 사람들은 내가 말을 하기 시작하면 놀라울 정도로 집중한다. 어쩔 때는 강연장 바닥에 머리핀이 떨어지는 소리까지 들릴 정도로 조용하다. 강연을 다하고 마지막 순서가 되면 늘 청중들의 질문을 받는다. 그 중에는 간단한 질문들도 있지만, 쉬울 것 같으면서도 생각을 곱씹게 하는 질문들이 있다. 그래서 미처 생각하지 못했던 사실을 깨닫기도 한다. 이를 테면, 다른 사람들도 나만큼 상심한다는 것, 그리고 뭔가를 얻기 위해 그들도 노력한다는 것이다.

강연을 하기 전까지는 다른 사람들은 나만큼 삶을 간절하게 생각하지 않고 절망도 하지 않을 거라고 여겼다. 그래서 그들이 토로하는 어려움은 나보다는 견디기가 쉬울 거라고 짐작했다. 적어도 나와 같은 병은 앓고 있지 않았기 때문이다. 하지만 여러 사람들을 만나면서 그것이 착각일 수도 있음을 깨달았다. 그리고 나 역시 그들과 다를 게 없다는 사실을 알 수 있었다.

강연 후에 청중들과 개인적으로 만나는 시간도 내겐 무척 즐거운 일이다. 그 중에서도 특히 기억에 남는 일이 있다. 어느 날 초등학교 4학년생들과 담임선생님을 만난 적이 있었다. 선생님과 이야기를 나누고 있는데, 갑자기 한 여자아이가 울음을 터뜨렸다. 다른 아이들이 자신의 귀를 보고 흉을 본다는 것이었다.

우는 아이를 보니 내 마음도 아팠다. 그 또래 아이들에겐 상처로 남을 수 있는 일이었다. 하지만 한편으론 용기를 내서 다른 사람에게 말을 할 수 있었다는 게 대견스럽게 느껴졌다.

나는 차분하게 내 심정을 아이와 담임선생님에게 들려주었다. 그러자 놀라운 일이 벌어졌다. 같은 반 아이들 중 몇몇이 그 아이에게 놀림을 받을 땐 옆에 있어 주겠다며 나선 것이다.

계절이 바뀌면 날씨도 달라지듯이 우리의 인생에도 계절이 있다. 여자아이는 폭풍우가 휘몰아치는 계절을 겪고 있었다. 이제, 아이는 같은 반 친구들의 도움으로 밝은 날을 맞이할 것이다. 만약 주변에서 이런 일이 일어나면 나이와 상관없이 곧바로 조치를 취해야 한다.

시간이 지나고 나이를 먹으면 잊혀질 거라고 생각할 수 있지만 그것은 해결책이 아니다. 우리는 상처가 되는 일을 의식적으로 기억하지 않으려고 하지만, 그 경험은 무의식에 남아 자존감을 떨어뜨린다. 또한 다른 사람과의 관계에 부정적인 영향을 미친다. 이런 문제가 발생하면 부끄러워하거나 숨기지 말고, 주변 사람들에게 말해서 적극적으로 도움을 청해야 한다. 그것 역시 자신을 사랑하는 또 다른 방법이다.

엄마의 일기_

1993년 9월 17일

하느님은 너에게 많은 시련을 주셨어. 사랑하는 리지야, 거기엔 다 이유가 있단다. 엄마는 하느님이 너를 항상 지켜주신다는 걸 알게 하려고, 너에게 시련을 주신 거라고 생각해. 태어날 때부터 너는 기적이었고 앞으로도 많은 일을 할 거야. 언제나 사랑받고 있다는 걸 잊지 말거라.

생각 나누기

1. 세상에 현존하는 성인들은 누구라고 생각하는가? (반드시 가톨릭 성인일 필요는 없다.)
2. 만약 가톨릭 신자라면 가장 좋아하는 기도문은 무엇인지 생각해 보자.
3. 어떤 문제가 발생했을 때 온전히 하느님께 맡겨본 경험이 있는가? 그때의 기분은 어땠는가.
4. 만약 자신의 힘으로 해결하기 어려운 문제가 발생하면 그 일을 어떻게 극복할 생각인가.

리지의 제안

가톨릭 성인이 아니더라도 사람들에게 감동을 주는 사람은 많다. 여러분은 어떤 사람에게서 감동을 받았는가. 개인적으로 알지 못하고 오래 전에 죽은 사람이라도 상관없다. 중요한 건 그 사람의 삶이 여러분의 마음을 움직였냐는 것이다.

먼저 그들이 어떤 삶을 살았는지 친구들과 이야기를 나눠보자. 그 중에서 가장 감동을 받은 부분은 무엇인지 자유롭게 이야기해 보자.

하느님은 사람이 감당할 수 있는 정도의 시련만 주신다는 걸 알고 있는가. 아무리 어렵고 힘든 일도 극복할 수 있는 방법은 반드시 있다. 다만 혼자서 해결하려 하기보다는 '하느님과 함께' 할 때 더 쉽게 근본적인 해결책을 찾을 수 있다.

나는 현대의학으로도 고칠 수 없는 병을 앓고 있다. 다시 말해 이 세상에는 내 문제를 근본적으로 해결할 수 있는 방법이 없다는 뜻이다. 하지만 나는 하느님께 이 문제를 온전히 맡김으로써 혹독한 상황들을 이겨낼 수 있었다.

사랑은 우주를 통틀어 가장 강력한 힘이다. 여러분은 지금 견딜 수 없을 만큼 어려운 상황에 처해 있는가? 그렇다면 하느님의 사랑 안에서 자신을 사랑하는 방법을 배워보라. 당신은 세상에 태어난 것만으로도 충분히 사랑받을 자격이 있다.

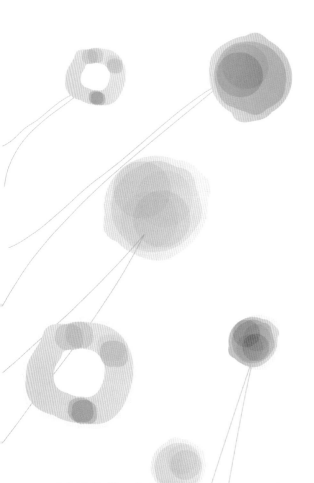

여호와께서는 자기에게 간구하는 모든 자 곧 진실하게 간구하는 모든 자
에게 가까이 하시는도다.

시편 145:18

열
여
섯

번
째

이
야
기

나답게 아름다워지자

어린 시절, 나는 병원에서 여러 번 생사의 경계를 넘나들었다. 그때마다 성당 사람들은 내가 회복되기를 간절히 빌어주었다. 나는 '죽을 수도 있구나'라고 생각될 때마다 나를 위해 기도하는 사람들을 떠올렸다. 그리고 그들의 기도가 하늘에 닿는 모습을 상상하곤 했다. 그러면 거짓말처럼 통증이 가라앉았다.

이런 경험 때문인지 어릴 때부터 가장 효과가 좋은 진통제는 '기도'라고 생각하게 되었다. 세상에는 현대의학이 만들어낸 수많은 종류의 진통제들이 있다. 하지만 기도가 가장 강력하고 효과적인 진통제라고 생각하는데, 그 이유는 살고 싶은 용기와 희망을 샘솟게 하기 때문이다.

사람들은 누구나 시련을 겪지만 기도할 줄 아는 사람은 훨씬 더 지혜롭게 시련을 이겨낸다. 그래서 가능하면 어릴 때부터 신앙생활을 하고 기도할 줄 알면 좋다.

나는 정식으로 신자가 되고나서 가톨릭 교육과정을 마치고, 성당에서 주일학교 교사를 했다. 친구 두 명과 함께 3년 동안 2학년 과정을 가르쳤는데, 그 시기를 거치면서 내 믿음도 더욱 견고해졌다.

수업을 할 때는 항상 즐거웠다. 특히 처음과 마지막에 기도하는 걸 좋아해서, 아이들과 둥그렇게 모여 손을 잡고 기도하곤 했다. 반 아이들이 모두 함께 모여 기도를 하는 건 특별한 일이었다. 믿음 안에서 모두 하나라는 걸 느낄 수 있기 때문이다.

아이들을 가르치 것은 또 다른 축복이었다. 하느님의 사랑을 가르쳐줄 수 있고 이는 아이들에게 가장 좋은 선물을 주는 것과 같기 때문이다.

아이들을 가르칠 때면 항상 기쁨과 보람을 느낀다. 수업을 통해 영적으로 더 성숙해졌고 폭넓은 통찰력도 얻을 수 있다. 수업은 이후에 내가 하게 된 강연활동에도 큰 영향을 미쳤다.

아이들을 가르치면서 나는 기도의 중요성을 강조했다. 아이들에게 특별할 때만이 아니라 어떤 상황에서라도 기도할 수 있다고 가르쳤다. "형제나 자매가 고자질하려고 할 때만이 아니라 언제나 할 수 있는 거예요."라고 말하면 아이들은 까르르 웃는다.

하느님께 드리는 기도는 친구와 나누는 대화나 다를 게 없다. 나는 아이들에게 그런 점을 강조한다. 하느님은 언제나 우리들의 이야기를 듣고 싶어하기 때문이다. 하지만 우리는 여러 가지 핑계를 대면서 기도를 게을리한다.

하느님께서는 항상 우리를 향해 귀를 열어두고 있기 때문에 기도하는 데에 특별한 준비나 자격이 필요하지 않다. 그저 그분을 찾기만 하면 된다.

나는 아이들에게, 기도는 하느님께서 가장 기뻐하는 일이고, 하고 싶은 말을 무엇이든 해도 된다고 가르쳤다. 하느님은 모든 걸 알고 계시기 때문에 숨길 것이 전혀 없다. 또 때와 장소에 상관없이 언제 어디서나 기도할 수 있고, 특히 감사의 기도는 하느님이 가장 기뻐하신다고 말한다. 식당에 앉아 "이렇게 맛있는 피자를 먹을 수 있도록 '피자 데이'를 있게 해 주신 것에 대해 감사해야 하는 거예요."라고 말하면 아이들은 또 웃음을 터뜨린다.

기도는 인생을 변화시키는 힘을 갖고 있다. 지금까지 내 삶에서 기적이 일어난 것도 모두 기도 덕분이라고 생각한다. 그리고 지금도 많은 사람들이 나를 위해 기도하고 있다는 사실을 진심으로 감사하게 생각한다.

그날은 무척 심하게 스트레스를 받은 날이었다. 엄마는 안절부절 못하는 나에게 휴대폰과 노트북을 치우고 침대에 누워 쉬라고 했다. 엄마의 말은 정말로 끔찍하게 들렸다. 휴대폰은 나와 세상을 연결해 주는 유일한 통로였기에 멀리 떨어트려 놓는다는 것은 생각할 수도 없었다. 그리고 그때는 한가롭게 침대에 누워 쉴 때가 아니었다.

엄마는 옆에서 나를 지켜보면서 그때 내게 무엇이 필요한지를 알고 있었다. 나는 조용히 앉아 해야 할 일과 끝내야 할 일을 떠올렸다. 그러면서 지금 내가 왜 스트레스를 받고 있는지 곰곰이 생각해 보았다. 그러자 눈물이 핑 돌았다. 당시, 해야 한다고 생각하는 일들을 모두 하기엔 너무 지쳐 있었다.

나는 하느님께 도와달라며 기도를 했다. 하느님의 음성을 간절히 듣고 싶었다. 천천히 숨을 깊게 들이마시고 내쉬면서 할 수 있다고

내 자신을 타일렀다. 그러자 서두르지 말고 하나씩 차근차근 해나
가라는 하느님의 음성이 들려오는 듯했다.

기도는 마음을 다스리는 최고의 방법이므로 하느님께 맡기고 답
을 구하면 된다. 우리는 그리스도의 희생으로 하느님과 연결될 수
있는 기회를 얻게 되었다. 그래서 언제나 그분의 도움을 구할 자격
이 있다.

기도를 한다는 건 하느님의 존재를 마음으로 믿는다는 걸 의미한
다. 또 신앙인으로서 그분이 '나의 하느님'임을 인정한다는 뜻이다.
나는 하느님이 우리를 위해 책임감을 갖고 있다고 느낀다. 우리는
눈으로 보고 귀로 들어야만 믿으려 하지만 하느님은 우리가 보거나
들을 수 없음에도 도움을 청하면 늘 응답하고 보살펴주신다.

나는 이렇게 모든 문제를 하느님 앞에 내려놓고 답을 구하고 있
다. 하느님이 나를 책임져주실 것임을 알기 때문이다. 모든 힘이 소
진된 것처럼 느껴질 때가 있는가. 그때는 하느님께 기도하길 권한
다. 하느님은 세상의 어떤 소리보다 어려움에 빠진 사람의 기도를
잘 들어주신다.

솔직히 나는 가끔씩 강박관념에 시달리고 있다. 도움이 필요한
사람들을 모두 도와야 한다며 조바심을 내는 것이다. 그리고 여러
가지 문제들을 완벽히 해결해야 한다며 자신을 다그친다. 그러다가

지쳐서 기진맥진하면 결국은 모든 것을 하느님께 맡기게 된다. 사실 이것은 문제를 해결하는 가장 좋은 방법이다.

이렇게 하고 나면 짐에서 벗어났다는 해방감과 말로 표현할 수 없는 가뿐함을 느낀다. 또한 하느님이라는 든든한 지원군이 곁에 있다는 사실에 새삼 힘이 솟아난다. 세상에서 누구도 그 능력을 능가할 수 없는 지원군을 얻게 되는 것이다.

하느님의 전능하신 능력은 정말로 놀랍다. 나는 그런 하느님의 능력을 일상에서 항상 체험한다. 대학생으로서, 동기를 부여하는 강연자로서, 그리고 글을 쓰면서 살아가는 것은 나에게 큰 축복이다. 물론 이 모든 역할을 다 소화하려면 눈코 뜰 새 없이 바쁘고 진이 빠질 수 밖에 없다. 그럴 때마다 하느님께서 내 일을 도와주실 거라고 믿으며 참아낸다. 해야 할 일이 너무 많으니 도와달라고 요청하는 것이다. 그러면 하느님은 아무리 작은 일도 기꺼이 도와주시고 넘칠 정도로 후하게 대가를 주신다.

너무 무리하면서 일하면 이젠 쉬어야 할 때라며 때로는 신호를 보내주실 때도 있다. 정신없이 인터뷰를 하거나 강연을 다니다 보면 숨이 차고 쉽게 피로해진다. 피로로 인해 면역력이 떨어지면 질병에 감염되기도 하는데, 이것이 하느님께서 보내주시는 신호이다.

피로로 인해 자주 아프다 보니 허약한 몸으로 태어나서 억울하다는 생각이 들 때도 있지만 그런 생각을 하면 우울해질 뿐이다. 오히려 하느님께 온전히 나를 맡길 때가 훨씬 더 마음이 편하다. 몸이 허약한 것도, 해야 할 일이 많은 것도, 모두 하느님께서 나를 가까이 하시려는 계획이다. 나는 허약한 몸 때문에 하느님의 인도를 받을 수 있었고, 그분을 통해 감사할 줄 아는 은총을 체험할 수 있었다.

사람들은 나를 특별하거나 신기한 존재로 바라본다. 하지만 우리는 모두 다르게 태어났고, 그 차이 때문에 개인은 다른 사람과 구분되고 하나의 인격체로 존중을 받는다.

또한 하느님은 사람들에게 저마다 다른 능력을 안배하셨다. 그래서 우리 모두가 고유한 존재로서 가치를 갖는 것이다. 내 병이 유래를 찾아보기 힘들 정도로 희귀한 것이 사실이고, 외모가 낯설고 생소하게 보인다는 걸 알고 있다. 하지만 나는 단지 누군가와 다를 뿐이다.

어떤 사람들은 사람이라고 하기엔 너무 마르고 기괴하게 생겼다고 하면서, 심지어 불편하고 공포심까지 느낀다고 말한다. 그들에겐 내가 단순히 익숙하지 않은 정도가 아니다. 또 어떤 사람은 내 외모를 개성이나 특징이라고 말하기는 어렵지 않느냐고 말하기도 한다.

이 점에 대해 꼭 한 마디를 강조하고 싶다. 내 외모를 개성으로 봐달라는 것이 아니다. 그저 한 사람의 삶으로 봐주고 내가 살아온 삶 자체에 주목해 주었으면 하는 바람이다.

만약 내가 혹독한 시련을 이겨내지 못했더라면 지금 이런 이야기를 할 수도 없고 이야기할 기회조차 얻지 못했을 것이다. 또한 견딜 수 없이 고통스러운 상황에서도 긍정의 자세를 잃지 않으려고 했기에 나를 둘러싼 상황들을 변화시킬 수 있었다.

악의적인 사람들이 나를 '세상에서 가장 못생긴 여자'라고 조롱할 때 나는 깊은 절망에 빠졌다. 그러나 나는 몸서리치는 좌절감에도 다시 일어나 '동기부여를 위한 강연자'가 되어 내 인생을 변화시켰다. 하느님과도 영원히 멀어질 수 있었지만 나를 향한 하느님의 계획과 사랑을 깨달았기에 하느님께 내 삶을 온전히 맡길 수 있었다. 그 결과 나는 좌절과 절망 속에서 고통스러워하는 수많은 사람들에게 희망의 메시지가 되고 있다.

내가 이렇게 인생의 반전을 이뤄낼 수 있었던 까닭은 세상에 태어난 이유에 초점을 맞추려고 했기 때문이다. 악의적인 사람들이 자살할 것을 종용했지만 나는 살기로 마음먹었다. 내 삶은 나 혼자만의 것이 아니었기 때문이다.

원하는 삶을 살고 싶다면 스스로 그것을 선택해야 한다. 그리고 긍정적인 생각에 초점을 맞춰야 한다. 나는 이런 깨달음 자체가 하느님의 선물이라고 생각한다. 부모님과 친구, 성당 공동체에서 깨달았던 모든 교훈들은, 결국 하느님께서 나를 통해 세상에 전하고

자 하신 말씀들이었다.

하느님은 언제나 내 이야기에 귀를 기울이고 지금도 변함없이 사랑을 주신다. 이 책을 읽는 독자들도 하느님의 사랑에 마음을 열었으면 좋겠다. 그리고 작은 울림이라도 전달되길 바란다. 나는 그런 마음으로 고통을 이겨낸 경험들을 이야기했고 하느님의 은총에 대해서도 꼭 알리고 싶었다. 이 책을 읽는 독자들도 하느님에 대해 믿음을 갖길 진심으로 바란다. 하느님을 신뢰하면 더 많은 은총과 축복을 받을 수 있다. 그것이 우리의 진정한 모습이며 가장 빛나고 아름다운 모습이다.

엄마의 일기_

1992년 1월 2일

염색체 전문가들은 네가 드바시 신드롬에 걸렸다고 진단했어. 우리는 네가 그 병을 앓고 있다는 사실보다 네게 동생을 선물해 줄 수 없다는 사실이 더 슬프단다. 하지만 다른 방법들을 생각하고 있어. 입양도 고려하고 있고.

이 이야길 들은 후로 엄마는 가끔 우울하구나. 이런 일이 일어나지 않으면 좋았을 텐데, 라는 생각도 해 본다. 하지만 너를 낳은 걸 무척 감사하고 있어. 너는 엄마, 아빠의 작은 천사이니까.

생각 나누기

1. 사랑이란 무엇이라고 생각하는가? 사랑이 어떤 의미인지
   생각해 보자.
2. 자신을 아름답다고 느껴본 적이 있는가? 있다면 언제였는지
   구체적으로 떠올려보자.
3. 지금까지 살아온 삶을 되돌아보며 감사할 일을 적어보자.
   아주 사소한 것이라도 상관없다.
4. 자신의 삶에 관한 책을 쓴다면 제목을 어떻게 지을 것인지
   생각해 보자.

리지의 제안

우리가 살고 있는 이 땅은 아름다운 자연과 강인한 생명력으로
가득 차 있다. 하느님은 그런 자연의 혜택을 누구나 공평하게 누릴
수 있도록 하신다. 우리는 그분의 사랑을 세상의 모든 만물을 통해
확인할 수 있고, 그 사랑 안에서 충만과 기쁨과 행복을 누리면서 삶
을 영위한다. 또한 넘치는 자연의 풍요 속에서 서로 아끼며 살아가
길 기대하신다.

하루의 시간을 소진할 뿐인 삶을 살고 있는가? 아니면 삶의 목표

를 달성하기 위해 계획적인 삶을 살고 있는가? 우리는 분명한 목적을 갖고 이 세상에 태어났다는 걸 기억해야 한다. 하느님은 결코 우리가 슬퍼하고 좌절하는 걸 원치 않으시며 서로 존중하고 아끼며 사랑하는 삶을 살길 바라신다. 그러기 위해 이 세상을 만드셨다.

이 세상에 태어난 이상 모든 사람은 각자에게 주어진 역할을 수행해야 한다. 만약 지금 어려운 상황에 처해 있다면 하느님의 사랑을 떠올려보길 바란다. 이 세상에 태어났다는 것은 하느님이 우리를 지극히 사랑하신다는 증거이다.

다른 사람이 나를 어떻게 평가하는지는 중요하지 않다. 삶이 허락된 이유와 목적에 초점을 맞출 때 빛나는 삶을 살 수 있다. 그것이 자신답게 아름다워지는 방법이다.

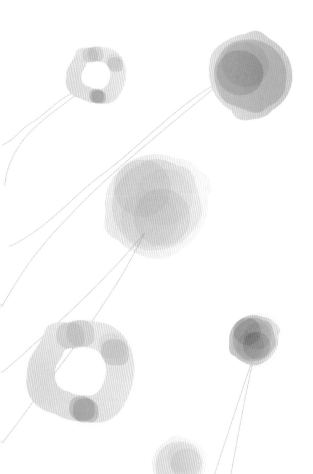

산다는 것만으로는 충분하지 않다. 나비가 말했다. 우리에겐 자유, 햇빛
그리고 작은 꽃 또한 필요하다.

한스 앤더슨(Hans Christian Andersen)

열일곱 번째 이야기

날아라, 나비야

내 꿈은 사람들에게 감동을 주는 강연가이다. 그래서 커뮤니케이션 학을 전공하기 위해 구체적으로 계획을 세웠고, 대학에 들어가서는 어느 때보다 열심히 공부했다.

입학을 하고 나서 강의 커리큘럼을 살펴보니 어떤 과목을 수강해야 할지 고민이 되었다. 나는 강연가에게 필요한 부분에 초점을 맞춰 수강 신청을 했고 이는 훗날 많은 도움이 되었다.

대학에서 공부하는 동안 여러 가지를 깨달을 수 있었다. 수업에는 다양한 종류의 강의와 스터디 모임이 있었는데 시간이 허락하는 한 더 많은 과목을 수강하고 싶었다. 하지만 수강하고 싶은 강의를 모두 듣기에는 현실적으로 무리였다. 어떤 과목을 수강할 것인지 우선순위를 정하고 선택해야 했다.

나는 매 학기가 시작될 때마다 어떤 강의를 들을지 신중하게 생각해서 선택했다. 그리고 강의에서 배운 내용 외에도 관련 자료들을 찾아가면서 공부를 했다. 언젠가 강연할 기회가 있을 때 사전 지식이 부족해서 허둥대면 안 될 것이기 때문이다. 이렇게 마음을 먹고 착실히 공부한 덕분에 목표로 한 커뮤니케이션 학위를 취득하고 꿈꾸던 강연가가 될 수 있었다.

나뿐만 아니라 젊은 나이에 꿈을 이룬 사람들은 아주 많다. 서점에 가면 성공신화에 관한 책들을 어렵지 않게 찾아볼 수 있다. 또 여러 TV 프로그램에서도 젊은 나이에 부와 명예를 손에 넣은 사람들의 이야기를 자주 접할 수 있다. 대중들이 성공한 사람들에 대해 관심을 갖는 이유가 있다. 성공한 사람들의 이야기를 들으면서 자신 안에 내제된 성공하고 싶은 열망을 일깨울 수 있기 때문이다.

성공한 사람들은 자신의 재능이나 자질에 강한 확신을 갖고 있다. 물론 재능만으로 모든 걸 이룰 수 있는 건 아니다. 자신의 능력에 확신을 가져야 하고, 그러기 위해서는 성실한 노력이 뒷받침되어야 한다. 나 역시 강연을 더 잘할 수 있기를 바라면서 끊임없이 노력한다.

인생을 살아가는 데 있어서 노력해야 할 일들은 아주 많다. 필요한 걸 얻거나 이루기 위해서는 뛰어넘어야 할 한계도 있다. 한계에 부딪쳤을 때는 자신과의 싸움에서 이길 수 있어야 한다. 나는 심각한 신체의 문제를 안고 있고 이것은 내 앞에 수많은 장애물이 있다는 걸 의미한다. 나는 이런 장애물을 이겨내기 위해 부정적인 상황을 긍정적으로 바꾸려고 무척 애를 썼다.

글을 쓰고 싶은데 오른손에 문제가 있으면 나중에 시도하기로 결정할 수 있다. 하지만 나는 왼손으로 글을 쓰는 방법을 터득하고야 말았다. 누군가는 집착일 뿐이라고 말할지 모르지만 나의 그런 성격이 목표를 이루는 데에 큰 도움이 되었다.

지금도 나는 수많은 장애를 이겨내면서 살아가고 있다. 나는 비록 아름다운 모습이 될 순 없지만 많은 사람들은 나를 보고 용기를 얻는다. '리지도 해냈으니 나도 할 수 있을 거야.'라고 생각한다.

이와 관련해서 꼭 강조하고 싶은 이야기가 있다. 목표를 정하고 노력하면 이루지 못할 건 없지만 자신을 보살필 줄 알아야 한다. 자신을 먼저 챙기지 않으면 다른 사람에게 베풀 수도 없기 때문이다. 바쁘게 살다 보면 이를 잊기 쉽지만 자신을 보살필 줄 아는 사람만이 다른 사람을 돌볼 수 있다.

대학 시절에 성적을 유지하기 위해 무척 노력했다. 하지만 동시에 너무 많은 강연 요청을 수락하고 말았다. 당연히 그 많은 강연들을 다 소화할 수 없었고 나를 위한 시간이 절실히 필요했다. 그때 정기적인 휴식이 얼마나 중요한지 깨달을 수 있었다. 요즘에는 내게 필요한 것들을 챙기기도 하고 건강을 생각하면서 무리하지 않으려고 한다.

그 동안 내가 만났던 사람들 중에는 일 때문에 건강을 해친 사람들을 심심찮게 볼 수 있었다. 그들은 성공에 대한 집념은 강했지만 한 가지를 모르고 있었다. 자신에게 휴식이 필요하고 문제가 생기면 일에 차질이 생길 수 있다는 사실을 말이다. 바쁘게 산다는 것은 좋은 일이다. 하지만 사람은 일만 하기 위해 태어난 건 아니다. 일이 자신을 집어삼키도록 내버려 둬서는 안 된다.

할 일은 많은데 힘이 부친다고 느껴지는가? 그렇다면 일단 모든 것을 내려놓고 휴식을 취해라. 휴식을 취하면서 충분히 에너지를 충전하고 나서, 다시 일을 시작하면 이전보다 훨씬 더 좋은 결과를 얻을 수 있다.

여러 번 언급했지만, 나는 악의에 찬 비난과 터무니없는 중상들을 셀 수 없이 들어왔다. 다른 사람은 평생을 살아도 한 번쯤 들을까 말까 하는 폭언들이었다. 그들은 견딜 수 없는 말과 글로 나를 비난하고 모욕했다. 마치 내가 세상에서 사라져야 평화가 올 것처럼.

처음에는 슬프기도 했고 절망감 때문에 어떻게 대응할지 판단이

서질 않았다. 그런 일이 반복될 때는 반박할 기력조차 다 잃어버렸다. 누구라도 그런 말을 들으면 충격을 받을 것이다. 나는 가치 없는 사람으로 느껴졌고 살아갈 이유도 없다고 생각하기에 이르렀다.

그때 가족과 친구들은 악의에 찬 말에 귀를 닫으라고 하면서, 그 대신 긍정적인 생각에 초점을 맞추라고 충고했다. 나는 자존감을 회복해야 한다는 걸 절실히 느꼈고, 어느 순간 슬퍼하면서 한없이 작아지는 대신 스스로 행복해질 것을 선택했다. 무례한 사람들이 정해 놓은 허상에서 벗어나 내가 원하는 모습으로 살기로 결정한 것이다.

이후 나는 많은 사람들의 응원과 격려를 받을 수 있었다. 그것은 긍정적인 생각에 초점을 맞췄기 때문에 가능한 일이었다. 그들이 비난했던 내 외모는 그대로지만 나는 더 이상 독설로 인해 슬퍼하거나 좌절하지 않는다. 유익한 일에 시간과 노력을 기울이려고 한다.

나는 다른 사람을 돕는 것이 나의 사명이라고 생각한다. 특히 자신이 사람들과 다르다는 것 때문에 고통을 받는 사람들에게 자신감을 심어주고 싶다.

다른 사람 때문에 무기력해지거나 슬퍼지면, 먼저 그들의 말에 신경을 끄라고 조언한다. 그런 사람들을 상대하는 가장 효과적인 방법이기 때문이다. 그들이 틀렸다는 것을 증명하는 방법이기도 하다. 세상에서 자신의 의지를 꺾을 수 있는 사람은 자신밖에 없다.

세상에는 호의적인 사람만 있는 것이 아니고 반드시 비판적인 사람이 있을 수 있다. 이건 자연스러운 일이고 현실적인 문제이다. 그래서 더욱 더 다른 사람의 부정적인 말에 지나치게 신경을 쓰지 말아야 한다. 여러분은 스스로 자신을 변화시킬 수 있고 어떤 모습으로 살 것인지 스스로 선택할 수 있다.

살다 보면 외롭거나 힘들 때가 있다. 외톨이처럼 혼자라고 느껴질 때도 있다. 그럴 때마다 내가 받았던 악성 이메일과 유튜브 동영상 사건을 떠올려보라고 말하고 싶다.

사실 최악의 상황이란 건 존재하지 않고 스스로가 그렇게 믿을 뿐이다. 실상은 그렇지 않다는 것을 알아야 한다. 아래는 내가 전하고 싶은 인생을 살면서 알아 두었으면 하는 교훈이다.

첫째, 다른 사람이 여러분을 함부로 규정하도록 놔두지 마라.

둘째, 스스로 자신의 인생을 선택하라. 누구든 스스로 원하는 방식으로 살아갈 권리가 있다.

셋째, 견딜 수 없을 만큼 힘겨울 때는 하느님의 도움을 구하라.

넷째, 우리를 하느님의 사랑과 떼어놓을 수 있는 것은 존재하지 않는다.

나는 다양한 장소에서 강연을 하고 있으며 사람들이 내 말에 귀를 기울여주는 것을 감사히 여긴다. 청중들이 내 이야기를 들어주는 데에는 그만한 이유가 있다. 어느 누구보다 어려운 여건 속에서도 행복하게 살고 있기 때문이다.

한때 나는 사람들이 나를 통해 무엇을 느끼고 깨닫는지 궁금했다. 알고 나서 보니 그것은 생각했던 것보다 무척 단순했다. 사람들은 나를 보면서 주눅이 들거나 회피하지 않고 항상 최선을 다해야겠다는 생각을 한다.

고난은 누구에게나 힘든 일이지만 내 이야기를 듣고 나면 고난도 다르게 느껴진다. 자신 앞에 놓여진 문제를 얼마든지 해결할 수 있다고 생각하게 된다. 이렇게 생각하는 사람들을 볼 때마다 나는 하느님께 감사드린다. 비탄과 절망감에 빠져 무기력하던 나의 삶을, 사람들에게 용기와 희망을 줄 수 있는 삶으로 바꿔주셨기 때문이다.

이렇게 말하면 사람들은 내가 하늘에서 내려온 천사 같다고 말한다. 그런 말은 자랑스럽기도 하고 부담스럽기도 하다. 자랑스러운 이유는 절망감에 빠져 아무 것도 할 수 없던 시절을 잘 극복해낸 자신에 대한 고마움 때문이다. 부담스러운 이유는 지금까지 해 온 것처럼 앞으로도 잘 할 수 있을까 하는 염려 때문이다. 하지만 하느님은 항상 동행하실 것이므로 아무런 문제가 없을 것이라고 믿는다.

지금 나는 많은 사람들의 따뜻한 성원과 지지를 받고 있다. 사람들은 나를 보며 '저런 아이도 할 수 있구나'라고 생각한다. 나는 결코 평범한 외모를 가질 순 없지만 사람들에게 삶이 얼마나 소중하고 고마운 일인지 알려줄 수 있다. 자신을 사랑한다는 것이 얼마나 소중한 일인지 가르쳐줄 수 있다. 그것은 내가 삶을 단절하지 않고 이어오는 이유이다.

세상에 태어난 사람은 누구나 고유한 가치를 갖는다. 그것을 깨닫느냐 깨닫지 못하냐에 따라 삶의 질과 행복이 달라진다. 자신이 얼마나 소중한 존재인지 알고 있는가? 그냥 살아가는 것이 아니라 삶의 목적을 찾아야 한다. 자신을 사랑하고 다른 사람을 도우며 살아야 한다. 그렇게 했을 때 이 세상에 태어난 사명을 다할 수 있다. 삶은 정말로 놀라운 선물이다. 나는 모든 사람이 벅찬 마음으로 가슴 뛰는 삶을 살길 바란다.

이제 나에게는 마지막 목표가 남아 있다. 이미 달성한 목표들 외에 목표가 하나 더 남아 있다. 그 목표가 언제 실현될지 알 수는 없지만 가정을 이루고 싶다. 지금 나는 온전히 나를 사랑해 줄 사람을 기다리고 있고 다른 여자들처럼 동화와도 같은 결혼을 하고 싶다. 내 아이를 완전하게 보호해 줄 가정을 갖고 싶다.

어떤 사람은 정말로 아이를 낳을 수 있겠느냐고 묻는다. 그에 대한 대답은 항상 똑같다. 하느님께서 허락하시면 가능한 일이다. 현대의학의 관점으로는 당연히 불가능한 일일테지만, 살아 있는 것 자체가 기적인 것처럼 나를 통해 얼마든지 또 다른 기적이 일어날 수 있다고 믿는다.

내가 태어날 당시 엄마의 자궁에는 양수가 하나도 남아 있지 않았다. 내가 사산되는 건 자연스러운 일이었다. 하지만 나는 제왕절개 수술로 세상에 나올 수 있었다. 의사들은 내가 얼마 살지 못할 거라고 예상했지만 나는 모질게 살아남았다. 지금까지 목숨을 유지한 나는 삶에 동기를 부여하는 강연가로, 책을 쓰는 저자로서 아주 바쁘게 살고 있다. 내 인생에서는 불가능이 가능으로 바뀌는 일이 가능했기에 나는 앞으로도 희망한다.

만약 아이를 낳는다면 그 아이 또한 나를 통해 세상에 태어나야 할 이유가 있을 것이다. 그 아이 역시 자신에 대한 하느님의 뜻을 찾아 삶의 여정을 떠날 것이다.

사람들은 너무 큰 기대는 하지 말라고 조언한다. 하지만 아이를 갖는다는 상상을 할 때는 어느 때보다 행복해진다. 아이에게 넓은 세상을 보여주고 싶고 더 많은 것들을 가르쳐주고 싶다. 더 많은 사람들을 이해하고 배려할 줄 아는 아이로 키우고 싶다.

물론 현재로서는 희망에 지나지 않지만 20년 후에는 내가 말한 모든 것들이 현실이 되길 바라고 있다. 중간에 목표를 변경해야 할지도 모르지만 그것 역시 삶이 내게 가르쳐준 교훈이다. 나는 그 교훈들과 내가 깨달은 것들을 더 많은 사람들에게 알려주고 싶다.

엄마의 일기_

1991년 2월 17일

성당에서 행사가 끝났을 때, 네가 어떤 여자에게 '안녕히 가세요.' 라고 말하더구나. 하지만 그 사람에게 대답을 듣진 못했지. 그러자 너는 다시 인사를 했어. 내가 그 여자를 바라봤는데 여전히 대답을 하지 않더구나. 너는 다시 큰 소리로 '안녕히 가세요.' 라고 말했어.

아빠와 나는 그걸 보면서 믿을 수가 없었어. 네가 그렇게 용기있게 나올줄은 몰랐거든. 그 여자는 결국 너에게 '잘 가!' 라고 말했고 넌 우리를 보며 활짝 웃었단다.

생각 나누기

1. 현재의 목표는 무엇인가? 구체적으로 생각해 보자.
2. 과거에 세웠던 목표 중에 이룬 것이 있는가? 있다면 어떻게 달성했는지 떠올려보자.
3. 목표를 달성하려고 할 때 가장 중요하게 생각하는 것이 무엇인지 구체적으로 이야기해 보자.

리지의 제안

인생을 살다 보면 다양한 개성을 가진 사람들을 만나게 된다. 그중에는 이타적인 사람도 있고 이기적인 사람도 있지만, 두 가지 모두 인간의 본성이라고 생각한다. 다만 어느 한 쪽이 두드러져 보일 뿐이다. 이타적인 사람은 간혹 자신을 돌보지 않고 다른 사람에게 너무 헌신하는 경우가 있다. 하지만 그 마음은 비록 선의일지라도 좋지 않은 결과를 가져올 수 있다.

진정으로 남을 도울 수 있는 사람은 자신부터 돌볼 줄 안다. 자신을 보살피면서 다른 사람을 도울 때 세상을 더 밝고 따뜻하게 만든다. 먼저 자신을 아끼고 사랑하자. 그런 다음 다른 사람을 도와주자.

리지, 예쁜 여자보다는 좋은 여자

리지가 세상 사람들에게 꼭 전하고 싶은 말이 있다.

'이젠 그만 쳐다보고 인생의 교훈을 배우길!'

알다시피 리지는 전 세계에서 3명 밖에 없는 희귀병을 앓고 있으며 그로 인해 특이한 외모를 갖고 있다. 그것 때문에 사람들에게 온갖 비난과 조롱을 받으면서 모진 시련을 겪어야 했다. 아름다운 외모에 가치를 부여하는 요즘 같은 시대에 리지가 극복해야 할 장애는 우리의 상상을 뛰어넘는 것이었다. 그녀는 어딜 가도 부정적인 시선에 시달려야 했고 사람들은 뒤돌아서 손가락질을 했다. 이유는 하나, 외모가 자신들과 다르다는 것이었다.

세상에는 저마다 다른 외모와 개성을 가진 사람들이 살고 있다. 그리고 사람들은 있는 모습 그대로 존중받고 싶어한다. 리지는 어린시절부터 자신은 남들과 다르지 않다고 생각했다. 그런 리지가 자신 앞에 놓인 현실을 받아들인다는 것은 너무도 가혹한 일이었다. 그런 모습으로 어떻게 살아야 할지 아무런 희망도 보이지 않았고 길도 보이지 않았다. 심지어 그런 삶에 무슨 의미가 있는지 심각하게 고민해야 했다.

살아갈 방법이 없을 것 같던 절망감 속에서, 그녀는 모든 삶의 짐을 내려놓고 포기하려다 자신에게 조용히 물어보았다. '이런 내 모습까지 사랑할 수 있느냐고?' 그리고는 놀랍게도 '예스'라는 대답을 얻어낼 수 있었다. 그녀는 외모 때문에 슬퍼하면서 한없이 작아지는 대신 스스로 행복해지기로 결정했다. 그 후 그녀의 삶은 완전히 변했다.

사람들이 아름다운 신체에 호감을 갖는 것은 자연스러운 일이다. 그리고 리지는 그 아름다움과는 철저히 반대 편에 서 있다.

외모 지상주의가 판을 치는 오늘날 그런 모습으로 삶을 이어간다는 것은 말처럼 쉬운 일이 아니다. 그럼에도 그녀는 *꿋꿋하게* 자신에게 주어진 사명을 다하며 삶을 이어오고 있다.

새삼스럽게 질문을 던져본다. 우리는 정말로 자신의 외모에 만족하면서 인생을 살 순 없을까? 요즘에는 가장 아름다워 보이는 연예인조차 자신의 외모에 만족하지 못하고 콤플렉스를 느끼면서 자신을 비하한다.

리지의 이야기에서 우리는 자신을 진정으로 사랑할 수 있을 때 비로소 삶이 아름다운 이유를 발견하게 된다는 개달음을 얻게 된다.

리지의 이야기는 희귀병 때문에 특이한 외모를 갖게 된 소녀가 세상 사람들의 조롱과 손가락질을 이겨내고, 어려움에 처한 사람들에게 희망의 메시지를 주는 인간 승리의 이야기이다. 그녀가 모진 세파를 이겨내고 사명을 다하는 이야기에서 우리는 감동을 느낀다. 특이한 외모를 가진 사람만이 그녀의 이야기에 공감할 수 있는 것은 아니다. 우리 모두 저마다 어려움을 갖고 있으며 그것을 이겨내면서 인생을 살아가고 있다. 그래서 비록 리지가 가까운 곳에 있지 않아도 낮설지 않고 더욱 공감하게 되는지 모른다.

앞으로도 그녀는 외모 때문에 어려움을 겪게 될 것이다. 하지만 그녀는 더 이상 자신을 감추지 않고 세상에 모습을 드러내어 자신의 이야기를 들려주려고 한다.

'내가 할 수 있다면 누구든 할 수 있어!'

그녀의 이야기를 알게 된 전 세계의 수많은 독자들은 아낌 없는 성원과 지지를 보내주고 있다.

리지는 예쁜 여자가 될 순 없을지 모르지만 세상에서 가장 좋은 여자, 마음 따뜻한 여자다.

리지는 2014년 11월 현재 병원에 입원해 있다. 더 많은 사람들에게 자신의 이야기를 들려주고 싶어서 과로한 탓이라고 한다. 그녀가 빨리 건강을 회복해서 다시 예전처럼 슬픔과 좌절감 속에서 고통받는 사람들을 위해 희망의 메시지를 던져주길 기대한다.

이제 우리 모두 리지를 있는 그대로 봐주고 사랑해 주었으면 한다.

옮긴이 김정우

세상에서 가장 못생긴 여자

초판 1 쇄 2014년 12월 24일

지은이 리지 벨라스케스　**옮긴이** 김정우

펴낸이 전호림　　**기획 · 제작** 비즈앤노블　　**펴낸곳** 매경출판(주)

등 록 2003년 4월 24일(No. 2 - 3759)

주 소 우) 100 - 728 서울특별시 중구 퇴계로 190(필동1가)

전 화 02) 2000 - 2642(사업팀) 02) 2000 - 2636(영업팀)

팩 스 02) 2000 - 2609　　　　**이메일** biznnovel@naver.com

인쇄 · 제본 (주)M-print 031) 8071- 0961

ISBN 979-11-5542-196-3(03320)

값 13,000원